LES

OUVRIERS

DE PARIS,

PAR ANDRÉ THOMAS.

2

PARIS

ALEXANDRE CADOT, ÉDITEUR,

32, RUE DE LA HARPE.

1851

LES OUVRIERS DE PARIS.

LES

OUVRIERS

DE PARIS,

PAR ANDRÉ THOMAS.

2

PARIS
ALEXANDRE CADOT, ÉDITEUR,
32, RUE DE LA HARPE
—
1851

I

Le Terrassier-Philosophe.

Chaque quartier de Paris a son genre
particulier de construction. Il en est qui ne
se revêtent que de pierres de taille ad-
mirablement équarries, polies, unies entre
elles ; d'autres, et c'est le grand nombre,
aiment le fragile et le clinquant ; des apparences de murailles leur suffisent, comme à certaines gens des apparences de vé-

tements. On alligne quelques moellons
dans un délayage de chaux et de sable, on
cache sous une couche de plâtre ce mensonge érigé en monument, on ouvre des
fenêtres et des portes, voici une maison !
Rien n'est triste à voir comme cette manie
mesquine qui trahit les vices dominants de
notre époque : l'individualisme et l'amour
de l'argent. Il semble que l'homme qui bâ-
tit ainsi, pense comme Louis XV : Après moi
le déluge ! Mais que dire de celui qui dans
les rues peuplées de pauvres fait construire plus mal encore. Ici tous les maté-
riaux sont vieux, les pierres rapiécées, les
charpentes rajustées, les boiseries raccom-
modées, les ferrures cachent leur rouille
sous une enveloppe de peinture, et tout
cela grince, craque, se fendille comme si
c'était dévoré par un incendie invisible. La
rue des Ursulines-Saint-Jacques est bâtie

presque en entier d'après ce dernier système. Dans l'une de ces maisons demeurent Nivose Bibeau et le père Larigette, que nous avons vu il y a quelques jours *A la Pensée du Papillon volant.* Cette maison a trois petits étages et un grenier mansardé. Un escalier merveilleusement simple, peu coûteux, et dont la rampe en fer est incomplète, s'élève du fond d'un corridor obscur, boueux, glissant, et conduit aux régions supérieures divisées pour loger de pauvres gens et des rats.

Pantaléon venait d'entrer dans cette maison. Il s'arrêta au premier étage et frappa à un carreau de porte vitrée.

—Bonjour, père Larigette, dit-il, Bibeau est-il chez lui ?

Larigette, tailleur en neuf et en vieux, représentait un adroit cumulateur de profession. Un peu concierge et usurier, un peu écrivain et agent d'affaires, vivant de l'aiguille et de la plume, de la main et du cerveau, faisant travailler sa femme et sa fille, il pouvait bien, ainsi que le bruit en courait, être riche et avare.

— Allez-y voir, répondit-il froidement à Pantaléon, quand M. Bibeau sort, il ne me demande pas la permission.

Ne sachant à quoi attribuer cette froideur si peu en harmonie avec son ton amical, Pantaléon haussa les épaules et continua son ascension.

— Plus souvent que j'irai me déranger pour le fils de l'un de mes ennemis, se dit mentalement Larigette quand le menuisier eut disparu. Un gredin qui a fait tuer l'amant de sa fille, et qui s'oppose à ce qu'on en fasse autant pour moi.

Le domicile de Bibeau se trouvait au fond d'un corridor noir où il y avait quatre portes. Les trois premières, à peine fermées, laissaient apercevoir des tas de chiffons ; la quatrième donnait entrée chez Bibeau. Ce logement n'avait que trois murailles, la déclinaison du toit absorbant tout un côté. Une fenêtre, dite tabatière, donnait vue sur le ciel. Dans ce réduit vivaient six créatures : Nivose, Bibeau, sa femme et quatre enfants, deux garçons et deux filles. Leur mobilier offrait dans ses détails des solutions de problèmes devant lesquels l'algèbre eût reculé. Un seul lit, qui quoique très-restreint prenait un quart de l'espace, contenait le coucher de toute la famille. Voici comment : la paillasse était le lot exclusif du père et de la mère ; le matelas coupé en deux appartenait aux enfants. Quand la nuit venait, cette dernière partie du lit se multipliait sous les mains de la mère. Les deux garçons recevaient leur *portion* de matelas, les deux fillettes la leur, et chacun se disposait au sommeil, sans que l'ange gardien de cette nichée cessât de sourire un instant.

A ce lit encyclopédique il faut ajouter un crucifix en plâtre, deux chaises épaillées, quatre petits bancs, une table en sapin, quelques ustensiles de ménage, une pelle et une pioche, gagne-pain de Bibeau, et vous aurez l'inventaire complet. Au moment où nous pénétrons chez cette pauvre famille, les quatre enfants dont l'aîné avait huit ans, assis sur leur banc, auprès d'un tuyau de cheminée qui passait contre une des murailles, cherchaient à surprendre un peu de chaleur à ce calorifère gratuit.

Leurs vêtements attestaient la patience et l'incessante sollicitude de leur mère. C'était des haillons reliés entre eux par des coutures innombrables. Nivose Bibeau

prenait ce jour-là un instant de repos forcé ; il lisait la Bible à haute voix. Sa physionomie, d'une simplicité rustique, exprimait la patience et la bonté. De fortes
couches de hâle couvraient son front et
ses joues. Ses lèvres épaisses n'avaient pas
les vives couleurs qui prouvent la richesse
du sang, mais elles laissaient deviner une
résignation heureuse, un dédain profond pour toutes les privations qui les
avaient pâlies. Une blouse bleue, apiécée,
un mauvais pantalon de gros drap et des
sabots composaient son costume. Ces mi-
sérables hardes le couvraient bien mal ;
ses mains crevassées, rouges, parcourues
en tous sens de fils terreux, dénonçaient
son humble profession. Il était terrassier,
métier pénible, peu lucratif, assujetti aux
fantaisies des entrepreneurs et aux intem-
péries des saisons, si bien que nivose Bi-

beau n'appartenait à cette profession que
lorsqu'elle lui offrait du travail. Il em-
-ployait ses jours de chômage de manière à
ce qu'ils ne soient pas entièrement perdus.
Il s'inventait des occupations de tous gen-
res. Une fois, entre autres, il se loua à un
maître chiffonnier, pour opérer sous sa direction. — Ce brave homme avait eu à peu
près la jeunesse de Pas-de-Chance ; à la
différence qu'il n'était pas orphelin. Son
père et sa mère, héros très-authentiques
des massacres de l'Abbaye, en 92, mou-
rurent dans l'attente d'une nouvelle révolution. Le nom qu'ils avaient donné à leur
fils, né en 1808, disait leur profonde sympathie pour les temps passés. Comment ce
pauvre enfant échappa à l'influence des opinions forcenées de ses parents, comment,
au lieu de devenir un scélérat il devint
honnête homme ; un vieux prêtre de Saint-

Etienne-du-Mont vous le dirait. Ce vieux prêtre rencontra un jour Nivose dans l'église essayant de desceller le tronc des pauvres ; il l'emmena de force dans la sacristie et lui fit avouer la cause de sa criminelle tentative. Les patriotes, père et mère Bibeau, avaient dit le matin au petit Nivose, alors âgé de neuf ans : « Tu coucheras dehors si tu n'apportes pas trente sous ce soir. » Or, Nivose aurait préféré mourir que coucher dans la rue ; c'est pourquoi il voulait emporter le tronc des pauvres.

— Malheureux enfant, lui dit le prêtre, tu ne sais pas le crime que tu allais commettre.

— Pourquoi écrit-on sur cette caisse : tronc des pauvres ? répliqua l'enfant.

Le bon vieillard comprit la singulière méprise de Nivose. Il lui donna trente sous et l'engagea à revenir. Cette aventure changea la destinée du petit malheureux qui reçut une instruction religieuse à l'insu de ses parents. Le prêtre lui apprit à apprécier la vie humaine à sa juste valeur ; dèslors, toute souffrance lui parut légère. — Ainsi, il avait traversé la moitié de sa vie sans remords du passé, sans inquiétude de l'avenir. Il enseignait à ses enfants la philosophie qu'on lui avait enseignée. Sa femme, douce et intelligente compagne, croyait comme lui et montrait le Christ à ses enfants, en leur disant, toutes les fois qu'ils éprouvaient les douleurs de la misère : Le fils de Dieu a souffert.

Nivose lisait l'histoire de Joseph à sa femme et à ses enfants. Lorsque Pantaléon entra, il sourit à la vue de ce tableau d'éducation chrétienne.

— Je craignais de ne pas vous rencontrer, dit-il au terrassier en lui tendant la

main. J'aurais été vexé; car j'ai à vous consulter sur une chose sérieuse.

La femme offrit sa chaise à Pantaléon.
Elle s'assit sur le lit sans discontinuer un
travail de couture qui occupait ses doigts
et ses yeux, mais non ses oreilles.

— Me consulter, fit Bibeau en riant, je
ne sais presque rien. Si la chose est sérieuse, je crains qu'elle ne dépasse mon
unique science, le bon sens.

— Oh! vous pouvez vous tranquilliser,
j'en suis sûr. Vous n'avez qu'à me répondre comme vous répondriez à un de vos
mioches s'il venait vous dire ce que je vais
vous raconter.

La confiance que Pantaléon avait en ce
brave homme était fondée sur les excel-
lentes leçons de morale qu'il lui avait entendu faire. Il le connaissait depuis plusieurs années, et rarement il traversait le

quartier Saint-Jacques sans s'écarter un peu pour rendre visite au terrassier philosophe ou à ses enfants. Une fois il avait amené Pas-de-Chance, qui, depuis, ne prononçait le nom de Nivose qu'avec un sentiment de vénération.

— Figurez-vous, reprit Pantaléon, que je suis prêt à devenir fou. Les aventures les plus extraordinaires m'arrivent depuis quelque temps. Je n'ose pas en parler à mon père, parce qu'il me dirait : Pourquoi ne t'es-tu pas confié à moi plus tôt? Il interprèterait mon manque de confiance d'une manière peu flatteuse pour moi. Vous, mon brave ami, vous me tranquilliserez peut-être, et comme je n'ai aucun intérêt à vous rien cacher, vous ne supposerez pas autre chose que ce que je vous aurai dit.

Ici Pantaléon raconta les singulières

surprises si souvent écloses au fond de ses poches ; il termina en montrant au terrassier les deux pièces d'or qui, sur le marché aux fleurs, s'étaient glissées si inopinément dans sa mince fortune.

Cette histoire, dont l'invraisemblance disparaissait devant les preuves que montrait le menuisier, avait si fort intéressé les enfants et la femme de Bibeau, qu'ils s'étaient groupés tous auprès du naïf conteur.

Honteuse de sa curiosité, madame Bibeau allait du lit qui lui servait de siége à Pantaléon, et réciproquement. Elle partageait ses regards entre sa couture et son roman vivant, le menuisier. Nivose s'aperçut de cette lutte toute féminine.

— Va, Suzanne, dit-il à sa femme ; tu peux te reposer un instant, tu as bien assez travaillé cette nuit.

Suzanne n'eut plus que des yeux et des oreilles.

Les enfants s'étaient emparés des deux pièces d'or, et aussitôt le récit de Pantaléon terminé, ils s'amusèrent à faire rouler le superbe métal sur le plancher.

Nivose réfléchit un moment.

— Voilà, dit-il, une de ces circonstances qui rendent palpable l'utilité de la confession.

Un gros sourire de Pantaléon accueillit ces paroles.

— Ne parlons pas de cela, père Nivose, ce sont des...

Pantaléon se sentit le bras subitement pris dans des tenailles de fer. C'était la main du terrassier, qui l'interrompait, afin qu'en présence des enfants il n'outrageât pas la religion.

— Oui, continua Nivose Bibeau, la confession devrait être le tribunal suprême où se videraient toutes les affaires de conscience, parce que la religion est le seul arbitre compétent en cette matière. Je ne sais pas, mon ami Pantaléon, ce que vous dirait un prêtre. Il me semble, à moi, qui vis d'après la loi de Dieu, que je remonterais à l'intention pour juger le fait. Votre probité s'inquiète des richesses mises à votre disposition par une main qui veut rester cachée. C'est une preuve de délicatesse de votre part. Mais évidemment, les pièces d'or ne tombent dans votre poche que pour que vous en fassiez usage.

Ce n'était pas tout-à-fait la question de conscience qui tourmentait le jeune menuisier.

— Enfin, dit-il, comprenez-vous quelque chose à tout cela? Je n'ai jamais sauvé la vie à un prince ou à une princesse.

— N'avez-vous pas dans votre famille, demanda Bibeau, quelqu'un qui soit riche et qui ait de l'amitié pour vous ?

— Ma sœur ! dit Pantaléon. Mais non, ce c'est pas possible, ajouta-t-il ; Chevrotte m'a expliqué dans le temps comment Laure s'endettait pour vivre dans une apparence de luxe.

— Tenez, observait Nivose, les poches de votre veste rebondissent sur vos hanches. Rien n'est plus facile que d'y laisser tomber des pièces d'or sans que vous puissiez vous en apercevoir.

Après avoir longtemps causé avec Bibeau sans arriver à rien conclure sur ses aventures surprenantes, Pantaléon prit congé de cette bonne famille.

— C'est étonnant, disait-il en revenant vers la rue Geoffroy-Lasnier, Nivose Bibeau ne devine pas tout, comme je l'aurais cru.

Pantaléon cherchait mentalement quel pouvait être son mystérieux bienfaiteur.

— Oh! s'écria-t-il, si mon frère n'était pas mort!...

Henriette n'était pas encore revenue. Chevrotte, aidée de Laure, avait terminé le chapeau de peluche. Maintenant, seule au logis, elle attendait. — Périllon arriva chargé de bouteilles.

— Tiens, dit-il, cache tout cela dans un coin de ma chambre. J'ai laissé un gros bouquet chez la concierge.

— Bien; moi j'y ai aussi déposé mon cadeau.

— Les amis ne sont pas arrivés encore?

— Non, mon père; ils auront voulu dîner chacun chez eux.

— A propos, et nous?

— Nous allons passer dans votre chambre, j'ai tout préparé. — Henriette, comme elle nous l'a dit, aura été invitée à dîner à son ancien pensionnat; c'est à cause de cela qu'elle reste si tard.

— Dépêchons, dit l'armurier; notre petit plan est si bien arrangé que je ne voudrais pas lui voir manquer son effet.

Le visage de Périllon pétillait de joie. Ce bon père avait quitté l'ouvrage un peu avant la fin de la journée, afin de venir présider à l'exécution du complot machiné à l'occasion de la fête d'Henriette.

Une fête à souhaiter à l'un des membres d'une famille! mais c'est une affaire grave, qui a ses secrets comme une négociation diplomatique, son programme comme un anniversaire de gloire nationale. A Paris, cet usage n'est pas observé autant qu'il devrait l'être par la classe ouvrière. Hélas! la pauvreté hurle si cruellement à ses oreilles, elle lui laisse si rarement le loisir

de songer à tout ce qui n'est pas implacable nécessité ! Chez les gens aisés, la vie
est tellement absorbée par les relations
d'intérêt ou de convenance, on vit tant hors
de sa maison et si peu dedans, que c'est
tout au plus si l'enfant rencontre son père
le jour où il doit lui remettre un bouquet.
En province, ces petites solennités intimes
se célèbrent plus régulièrement, et occa-
sionnent souvent des concerts injurieux
pour l'art musical, ou, ce qui vaut mieux
encore, de magnifiques carnages de basse-
cour. Mais c'est au village où souhaiter la
fête est de rigueur : on porte le gâteau aux
notables, en grande cérémonie, musique
en tête, les anciens de l'endroit fleurissent
leur boutonnière, ils ont des compliments
dans leurs poches et des sourires sur leurs
lèvres. Les jeunes délurés brûlent de la
poudre et toute la commune s'en mêle. Là

il y a toujours la veille et le lendemain d'étiquette. La coutume prend son moment et ses aises : le bouquet ce soir, le festin vingt-quatre heures après. On dépense le temps convenable sans lorgner le soleil ni la pendule. En vivant on se regarde vivre. Ce n'est pas comme à Paris, méchante ville, où les mois n'ont que quinze jours.

Le père Jérusard fut le premier arrivé au rendez-vous donné par Périllon. Pantaléon et Pleurniche le suivaient de près. Et puis M. et madame Cassagnet, M. et madame Denis Lœuf, des amis, et des amies à rendre la maison trop petite.

— Rappelez-vous bien, leur disait l'armurier, que nous devons avoir l'air d'attendre Henriette pour sortir, et laissez-moi mener l'affaire.

Pleurniche avait arboré tout ce qu'il possédait de plus gai en physionomie. Le

nez de Pantaléon dénonçait, par son co-
loris immodéré, une bonne humeur obte-
nue par des procédés connus.

— Dites donc, vous autres, nous irons
chez moi tout à l'heure, disait le père Jérusard, je n'ai pas voulu arriver avec mon
bouquet parce que je ne savais pas où le
cacher.

— Nous laisserons Henriette seule, reprit Périllon. Nous avons fait un brin de
toilette ; elle croira ce que je lui dirai. Nous
sortirons, nous irons un moment rue Geoffroy-Lasnier, et nous reviendrons.

— Bravo ! cria une voix assourdissante,
qu'on reconnut aussitôt pour celle de Pantaléon.

— Mets la sourdine à tes cordes, lui dit
Pleurniche.

La sonnette retentit de nouveau. Il se fit
un profond silence, Chevrotte alla ouvrir.

— Enfin ! s'écria-t-elle. Et elle embrassa la personne qui entrait.

C'était Henriette.

Elle rapportait des livres que lui avait prêtés son ancienne maîtresse de pension. En voyant la grosse société réunie dans ce qu'elle appelait son salon, Henriette eut un petit serrement de cœur bien innocent, mais hélas ! bien injuste. Elle sortait de la maison presque opulente où son cœur avait cueilli tant d'illusións. Elle avait encore sur les joues les baisers de ses anciennes compagnes, riches héritières dont elle enviait le brillant avenir, leurs paroles délicates et musquées lui vibraient encore aux oreilles, et de cette atmosphère radieuse il fallait tout à coup retomber dans le prosaïsme de l'atelier ! — Ces émotions n'étaient pas enfantées par l'orgueil, mais mon Dieu ! c'était le résultat de l'éducation d'Henriette. Ces sensations qu'elle voulait vaincre et qu'il lui était impossible de ne pas éprouver la martyrisaient bien souvent, et causaient chez elle cet air de souffrance morale qui donnait à sa physionomie un charme indicible. — Pour aller revoir ses amies du pensionnat elle avait revêtu sa plus belle parure, c'est-à-dire une robe en mousseline-laine bleue, un crispin en drap noir retourné, afin de dissimuler sa vétusté, le chapeau étiolé que nous lui avons vu déjà au Petit-Charonne, et des gants de peau dont elle ne recouvrait ses mains blanches et effilées que dans les grandes occasions. La même paire lui servait six mois.

— Je ne m'attendais pas à vous trouver tous réunis ici, dit-elle.

Périllon promena un regard autour de

lui, afin de recommander de nouveau la gravité nécessaire à ses projets.

— Ma fille, dit-il, tu vois ici une société qui n'était pas loin de pester contre toi. Nous t'attendions avec impatience, et voici pourquoi : Un de mes camarades d'atelier, un malin, soit dit entre parenthèses, fait jouer ce soir au théâtre du Luxembourg une pièce de son invention. Il nous a envoyé un certain nombre d'entrées, vu que nous avons des mains solides, de vrais battoirs. Ces billets ont été tirés au sort, et tu n'a pas eu de chance ; tu es condamnée à demeurer à la maison tandis que nous... tu comprends ?

Malgré les efforts inouïs que faisait Périllon afin de donner à cette fable l'apparence de la vérité, Henriette aurait facilement découvert qu'on la trompait, si Chevrotte, en l'embrassant sur le front, ne lui eût demandé hypocritement pardon de la laisser seule. Ce petit mensonge, pénétrant ainsi à la fois par le cœur et par les oreilles de la jeune fille, l'abusa complètement.

C'est de toute justice, dit-elle; je viens de me récréer pendant tout le jour, je puis bien garder la maison le soir.

— Tu as des livres, ajouta malicieusement Périllon, tu liras.

— Oui... je lirai...

Néanmoins, cette idée de solitude avait frappé Henriette d'une mystérieuse terreur. Elle était devenue rêveuse.

— Allons, adieu; à ce soir, dit Chevrotte, nous reviendrons un peu avant minuit.

— Bonsoir, mam'selle Henriette, prononcèrent en chœur les amis de la famille.

La porte se referma sur eux; Henriette était seule.

— Jusqu'à minuit, murmura-t-elle, et il n'est pas sept heures. Pendant quelques minutes, elle demeura immobile, la tête penchée vers le carreau.

Elle avait ôté son crispin ; sa taille exquise apparaissait dans toute sa grâce. Son chapeau ne cachait plus les ondes épaisses de sa chevelure et le blanc nacré de ses tempes. Ses yeux presque fermés sous le poids d'une méditation pleine d'anxiété, s'arrêtaient sans regard. En ce moment, un terrible combat se livrait au fond de son âme. Elle déploya une lettre qu'elle sortit de son sein ; elle devait l'avoir lue plusieurs fois déjà, à en croire les mille plis du papier.

— Je pourrais le voir à présent, murmura-t-elle.

Elle relut la lettre.

« Vous qui m'avez inspiré le seul sentiment qui m'attache à la vie; Henriette, c'est à vous que j'écris. Je vous aime aujourd'hui plus qu'hier, et cependant hier je vous aimais avec toute la frénésie de mon pauvre cœur. Je veux vous voir, Henriette; si je demeurais longtemps séparé de vous, je souffrirais tant que je n'aurais plus la force de vivre. Partout j'interroge ma solitude, le moindre bruit me semble être le son de votre voix; je me retourne afin de chercher vos lèvres qui me sourient, vos yeux qui me regardent, et je ne trouve jamais que ma douleur auprès de moi. Henriette, je vous le répète, si je n'avais pas votre amour je mourrais; mais avoir votre amour et ne pas vous voir, c'est endurer un supplice au-dessus de tout courage. Mon cœur déchire ma poitrine, il veut sortir de cette prison pour aller vers vous..

« J'écarterai les obstacles ou je les briserai. Je veux vous voir, vous parler, respirer l'air que vous respirez. — Tous les
jours, je passe une heure devant la maison
que vous habitez. Avant-hier, je vous ai
vue fermant les rideaux d'une fenêtre.
C'était votre chambre peut-être! J'ai eu
besoin de toute ma raison pour ne pas
m'élancer vers vous. Demain, à sept heures, je reviendrai au même endroit. Si
vous étiez seule une fois, un instant, si votre père et votre sœur étaient sortis, Henriette, me recevriez-vous? Oh! oui, vous
avez assez de confiance en moi pour vous
appuyer sur mon cœur sans craindre d'é-
couter ses battements. Eh! bien, si au
lieu de fermer vos rideaux, comme l'autre
jour, vous les laissiez reployés, et si vous
placiez une lumière auprès de l'une des
vitres, je viendrais tomber à vos pieds. »

A peine Henriette avait achevé de lire cette lettre, que sept heures sonnaient.

— Non, dit-elle; oh! non, je ne ferai pas ce qu'il me dit.

Et la pauvre enfant regardait la lumière, le rideau, et elle détournait la tête afin d'échapper à la tentation. Mais hélas! quelle force opposait-elle au tourbillonnement de la passion? La raison seulement et ce qu'on nomme la pudeur. La raison est précisément ce qui dut entraîner la première pécheresse. La raison veut juger et toujours elle transige. Elle tourne les choses à sa guise, et son appréciation n'est basée que sur la puissance présomptueuse qu'elle se suppose. Quant à la pudeur, nous sommes loin de nier l'heureuse influence de ce sentiment chez les femmes; mais elle ne se manifeste qu'en présence du danger, elle ne le pré-

voit pas. — Il aurait fallu qu'Henriette
eût la foi dans le cœur, qu'elle levât les
yeux vers le ciel et qu'elle priât. Oh!
comme le baume de la prière eût dissipé
les nuages de la faiblesse humaine!

Henriette s'approcha de la fenêtre, elle
plaça un flambeau auprès d'une vitre; et
en exécutant ainsi le signal demandé par
l'amoureux auteur de la lettre, elle se
mentait à elle-même.

— Oh! murmurait-elle, il est impossible
qu'il vienne!

La figure de cette jeune fille, éclairée à
cette heure par toutes les lueurs de la passion, était sublime: assise à quelque distance de la lumière, les yeux fixés sur la
flamme vacillante qui appelait son amant,
elle ressemblait vaguement à l'antique
Héro attendant sur la tour.

Deux minutes s'écoulèrent.

— Je savais bien, dit-elle, qu'il ne vien-
drait pas. Comment serait-il maintenant
sur le quai, juste pour apercevoir ce flambeau.

Il y avait dans ces mots de la joie et de
la peine, de l'amertume et du bonheur ;
en les alambiquant, peut-être eût-on
trouvé qu'il n'y avait que de l'amour.

— Maintenant, reprit-elle, c'est assez.
j'ai été faible en obéissant à une tentation
puérile.

Elle retira la lumière. — Mais les sons
argentins de la sonnette retentirent jusqu'au fond de son cœur. Quelqu'un était là
à la porte. Qui était-ce, mon Dieu ? —
Elle ouvrit la porte. Un homme entra.

Henriette, d'une voix à peine intelligi-
ble, prononça ce seul mot.

— Donatien !

Ce Donatien saisit la main de la jeune

fille et la pressa sur ses lèvres. C'était le personnage qu'une fois déjà nous avons vu pleurer au travers des vîtres d'un cabinet, à la *Pensée du Papillon volant*. C'était celui qu'Henriette avait vu monter en fiacre auprès de la barrière du Trône.

II

Le Serpent sous les fleurs.

L'amoureux personnage qu'Henriette venait de nommer Donatien était pâle, brun, et d'une complexion presque maladive. Son âge n'était pas écrit sur ses traits, comme il l'est ordinairement sur toutes les physionomies ; il pouvait avoir vingt-deux ou trente ans. Sa figure douce et passionnée semblait en ce moment dissimuler de longues souffrances sous un rayon de bonheur. Sa barbe noire, soustraite au culte du rasoir, formait un crayonnage d'ébène qui rehaussait la pâleur de ses joues. Ses vêtements de couleur sombre indiquaient une modestie affectée, car sous sa redingote, boutonnée comme celle d'un officier de cavalerie, on pouvait voir du linge de batiste brodée, et même, en regardant le satin de sa cravate au microscope de l'observation, on aurait aperçu les piqûres encore fraîches d'une épingle ôtée depuis peu.

— Henriette, mon amie, ma joié, vous voici, là, auprès de moi ; c'est votre ineffable regard qui agite mon âme, c'est votre voix que je viens d'entendre, c'est votre main que je tiens dans les miennes. Oh ! c'est vous, Henriette ! Tout cela est vous, tout cela est mon amour !

Henriette s'était assise, car l'émotion ne lui avait pas laissé la moindre force. Donatien, tombé à genoux devant elle, demeurait dans une extase muette, chaste, comme une joie d'enfant.

— Oh! c'est bien mal ce que j'ai fait, dit enfin Henriette en essayant de réprimer le tremblement nerveux qui s'était emparé d'elle..

— Vous vous reprochez déjà l'instant de bonheur que vous me donnez, dit le jeune homme de cette voix modulée, onctueuse, qui transforme les paroles d'amour en une dangereuse mélodie.

— J'ai peur, murmura Henriette en frissonnant.

Sa main était glacée.

— J'ai peur d'avoir commis une terrible imprudence. Vous le savez, Donatien, je vous aime, mais je dois aimer aussi l'honneur de ma famille, et je vous ai reçu sous le toit de mon père. J'ai profité de son absence pour abuser de la confiance qu'il a en moi. Oh! je suis coupable, bien coupable !

Henriette pleurait. Ses larmes tombaient une à une brûlantes. Mais ce n'étaient pas entièrement des larmes de crainte et de remords, c'étaient des larmes d'amour. Larmes mystérieuses qui coulent sous l'ombre d'un prétexte, larmes que la jeune fille n'avoue pas et que l'amant doit étancher avec ses lèvres sans chercher à comprendre. C'est le sentiment de l'honnêteté mis en contact avec les inquiétudes de la passion qui provoque cette dilatation du cœur, pleinement justifiée du reste par une autre cause : l'amour d'une jeune fille est une volupté composée de mille terreurs indicibles qui lui créent une vue magnétique au moyen de laquelle elle voit clairement autour d'elles et même dans l'avenir. Il est des amantes trompées qui devinent l'heure de l'infidélité. Il est des jeunes filles qui, par anticipation, pleurent la perte de leur vertu. — Henriette pleurait à la fois sur son amour, tellement fort maintenant qu'il la dominait, sur la virginité de son cœur effeuillée à jamais, sur son imprudence réelle ; car, ainsi qu'elle l'a dit, en ce moment, à quels dangers n'exposait-elle pas l'honneur de sa famille !

Immobile et heureux, Donatien buvait ces larmes avec tout l'égoïsme de l'amour. Et cependant, il aimait Henriette, il aurait donné sa vie pour elle, si on lui eût dit: au fond de votre cercueil vous pourrez penser encore à elle.

— Les larmes que je vous vois répan-
dre, lui disait-il, me rappellent ce jour
béni où, pour la première fois, vous avez
comme aujourd'hui mis votre main dans
les miennes.

Ces derniers mots rendent nécessaire
une histoire de l'amour d'Henriette ; ce
sera peut-être sa justification.

La plupart des pensionnats de demoi-
selles sont éloignés du centre de Paris.
Les uns vont chercher le calme dans les
extrémités du faubourg Saint-Antoine ou
Saint-Honoré ; les autres se perchent sur
les hauteurs de Chaillot ou de Montmartre, vastes dunettes d'où l'on voit Paris
fumer enfin, les moins timides se cachent
dans quelque coin des Champs-Élysées.

Un pensionnat n'est pas admissible sans
un grand jardin. Malheureusement un
grand jardin n'est pas toujours encaissé

dans de hautes murailles, ni planté d'arbres dont le feuillage serve de toiture de
façon à ce que les pensionnaires ne puis-
sent pas promener leurs rêves à l'horison;
car savez-vous ce qu'est l'horizon des pensionnaires, quand il n'est pas le bleu du
ciel ou le sommet d'une colline? C'est
cette ligne de fenêtres là-haut et là-bas,
c'est ce belvéder où à certaine heure une
ombre noire à faux-col blanc apparaît
une lorgnette à la main.

Si la pensionnaire a quitté le giron ma-
ternel après y avoir été nourrie du lait de
la religion, elle a un élément de rêverie
salutaire qui commence à un rien, mais
qui s'élève toujours pour s'arrêter à Dieu.
Si, au contraire, on n'a éclairé sa première enfance d'aucune lueur évangélique,
les notions de science chrétienne qu'elle
reçoit ou qu'elle a reçues de ses profes-

seurs, ne sont pour elle qu'un point usité d'éducation qui peut prendre dans sa tête mais non dans son âme. Il n'en reste rien pour guider ses émotions. Celle-là n'ayant au fond de l'âme aucune force qui absorbe son activité morale, la prodigue à tous les sentiments humains que la nature fait mouvoir en elle.

Henriette avait été placée par son oncle dans un pensionnat voisin de l'hôtel de Prémouran et peu éloigné de la rue de Chaillot. Elle pouvait, avec ses jeunes amies, courir dans un fort beau jardin, riche de fleurs, pauvres d'arbres. Pendant les trois premières années, elle eut la gaîté et l'insouciance de son âge, mais après, son caractère changea tout à coup. Ce n'était plus la rieuse enfant, c'était la jeune fille pensive; les fleurs et les oiseaux lui souriaient toujours, mais elle ne ré-

pondait plus à leur sourire. Elle aimait à
s'isoler de ses compagnes ; leurs jeux,
leurs cris, leurs bruyantes folies, ne lui
inspiraient plus qu'une insurmontable
tristèsse. Henriette se réfugiait au fond
du grand jardin ; là, elle était seule presque toujours. Le bruit lointain des voitures qui roulaient dans Paris, le carillon
des cloches d'église et les sensibleries des
orgues de rue, lui composaient une mélodie d'accord avec ses rêves.

Un jour, assise sur un banc, contre
l'une des murailles du jardin, elle suivait
dans les cieux le vol d'une hirondelle,
et, mentalement, disait à cet oiseau tout
un poème de tendres inquiétudes. Il lui
sembla voir une main s'allonger entre sa
tête et le ciel ; elle crut qu'une fleur venait
de tomber dans son tablier de soie ; c'était
un billet. — Oh ! un billet pour une pen-

sionnaire ! c'est une chose horrible et charmante à la fois, du miel et du poison mélangés, une feuille de rose et une épine. — Henriette rouge comme une framboise, se leva effrayée et jeta le billet à terre sans oser le toucher. Quelques minutes après, elle l'avait lu quatre fois ; c'était de l'amour écrit avec du feu et signé Donatien. Ce billet commençait ainsi : « Depuis deux mois, chaque jour je vous vois de bien loin. Pour vous dire l'impression ineffaçable que vous avez produite sur moi, je suis résolu à tout braver ; j'escaladerai les murailles, dussé-je laisser ma chair à leurs dents de pierre... » Une humble supplication de se trouver le lendemain au même endroit terminait cette lettre, d'où s'exhalait un dangereux parfum de vérité.

Qu'on juge de l'effet que dut produire

sur Henriette la soudaine apparition de l'amour, sentiment qu'elle ne connaissait encore que comme l'aveugle connaît le soleil. Les phrases ardentes de ce billet lui donnèrent la fièvre ; pendant son sommeil elles vinrent une à une bourdonner à ses oreilles. Henriette vit le danger que sa sensibilité entr'ouvrait sous ses pas. Elle forma la résolution de ne jamais plus retourner au bout du grand jardin. Cette résolution s'évanouit à l'heure où elle devait la mettre à exécution. La curiosité fut le prétexte de sa faiblesse. Elle voulut au moins revoir une seule fois cette main d'où tombaient des billets d'amour. Mais au lieu de la main, au-dessus de la muraille, dans une touffe de chèvre-feuille, elle vit le visage de Donatien. Sur ses traits, elle trouva un charme fatal qui fascina son âme naïve. Des lettres reçues par la pensionnaire à intervalles réglés furent longtemps les seules manifestations de cet amour, qui, de la part de Donatien, n'était pas moins poétique et vrai que de la part d'Henriette.

L'amoureux le plus sincère ressemble toujours quelque peu à un banquier : il escompte son sentiment, mais ne le donne pas. Donatien, après avoir prodigué un certain nombre de billets, demanda au moins un mot de la jeune fille. Elle répondit.

A voir les émotions de Donatien, on eût pu supposer qu'Henriette était la première femme qu'il aimait.

Les vacances étaient survenues ; toutes les pensionnaires goûtaient, au sein de leurs familles, les deux mois de distractions et de plaisirs. Périllon et Chevrotte n'avaient pas manqué de venir chercher

Henriette. En s'approchant d'eux pour les embrasser, elle tomba évanouie dans leurs bras, circonstance que le père attribua à l'exquise sensibilité de son enfant chérie. Chevrotte en conçut de vives inquiétudes pour la santé de sa sœur ; depuis, elle voulait à peine la laisser marcher.

Tourmentée d'un côté par le souvenir de Donatien, de l'autre par la dissimulation que son secret lui imposait, Henriette avait des remords. Elle s'accusait d'ingratitude envers son père et sa sœur ; car son amour lui rappelait sans cesse le grand jardin du pensionnat, où tous les jours quelqu'un devait jeter un regard désolé ; la tendresse de Chevrotte et de Périllon était une accusation vivante levée sur elle pour l'écraser un jour. Et cependant cette tendresse était indispensable à sa vie autant que l'amour de Donatien.

Henriette ne pouvait s'empêcher de parler à chaque instant de ses institutrices et de leur maison. Chevrotte, qui croyait deviner son moindre désir, lui conseilla un jour d'aller voir les dames du pensionnat. Elle partit.

Je renonce à vous dire tout ce qu'il lui fallut employer d'adresse, de ruse, tout ce qu'elle eut à éprouver d'anxiétés, de tortures avant de parvenir à se promener seule dans le fond du grand jardin. Enfin elle aperçut Donatien. Elle lui fit passer une lettre, mais au moment où elle le croyait occupé à lire, elle entendit du bruit dans un bosquet; Donatien venait de franchir le mur qui, jusqu'à présent, l'avait séparé d'Henriette.

— Qu'avez-vous fait? lui dit-elle.

— Ne craignez pas, répondit-il, votre réputation, votre honneur me sont chers comme à vous. Grâce au feuillage, j'ai pu escalader la muraille ; personne ne m'a vu.

Henriette était dans le bosquet auprès de Donatien. Tout à coup elle éclata en sanglots. Elle ployait sous le poids de ses émotions.

—Voyons, disait-elle, je suis heureuse et je pleure ; j'ai confiance en vous, et cependant la faute que je commets aujourd'hui m'épouvante ; car enfin j'ai reçu vos lettres et je vous ai écrit comme un enfant, sans songer qu'entre nous deux il y a peut-être un abîme. — Savez-vous qui je suis, moi, Monsieur ? la fille d'un ouvrier, d'un simple ouvrier !

— Oh ! je remercie le ciel de ce qu'il ne vous a pas fait naître plus haut que moi, disait Donatien.

Néanmoins il y avait dans ces dernières

paroles un trouble qui n'aurait pas échappé à toute autre observation que celle d'une amante. Donatien continua en expliquant à Henriette comment des obstacles de famille s'opposaient à ce qu'il demandât immédiatement sa main. Les jeunes filles sont crédules ; celle-ci crut tout ce que son amoureux disait. En échange, elle lui apprit le nom et la demeure de son père.

Peu de jours après cette entrevue, l'oncle qui payait l'éducation d'Henriette mourut. On sait qu'il ne laissait pas de fortune. Henriette ne dut plus songer qu'à participer aux travaux de sa famille ; elle devint coloriste. Mais, à de longs intervalles, elle voyait toujours Donatien. Seulement jamais, avant le jour où nous sommes, elle ne l'avait encore reçu chez son père.

III

La Sainte-Luce.

Depuis quelques minutes, Donatien était là, dans le salon qui devait à Henriette une grande part de sa pauvre splendeur. La jeune fille ne versait plus ces larmes d'amour que nous avons vues pour la deuxième fois tomber de ses yeux. Elle adressait mille questions à Donatien, en le regardant comme une sœur regarderait son frère au retour d'un long voyage.

— Je vous ai vu monter en voiture l'autre jour près la barrière du Trône, lui disait-elle ; d'où veniez-vous ?

— Je savais que vous dîniez avec les amis de votre famille ; vous me l'aviez dit deux jours auparavant, s'il vous en souvient. J'ai parcouru tous les restaurants de l'endroit, car je voulais voir un instant seulement la douce gaîté de votre table ; mais toutes mes recherches ont été inutiles, et c'est sans doute au moment où je me disposais à rentrer dans Paris que vous m'avez aperçu.

— Et vous aviez l'air inquiet... vous vous êtes jeté dans le fiacre comme si vous aviez voulu vous y cacher.

— Enfant... dit Donatien.

— Mon ami, reprit Henriette, j'ai bien souvent de tristes réflexions dont vous êtes la cause involontaire. Les préoccupations dans lesquelles je vous vois toujours, même lorsque vous cherchez à paraître joyeux me créent d'éternelles inquiétudes. Savez-vous que j'en suis venue à penser que vous m'aviez trompée en vous disant aussi humble que moi par la naissance et la fortune. Je vous aime tant, Donatien, j'espère si bien en vous, que ce serait fort mal de ne pas me dire la vérité.

— Henriette, ayez confiance en moi. Je ne peux pas vous expliquer tous les détails longs et ennuyeux de ma position; mais, je vous le répète, dès que j'aurai atteint l'âge où il me sera permis d'avoir une volonté décisive, vous deviendrez ma femme. Jusque-là, il faut que tout le monde ignore notre amour.

Les explications de Donatien ne répondaient pas catégoriquement aux inquiétudes d'Henriette. Et puis, il s'était troublé en parlant ; mais la jeune fille n'avait entendu qu'un mot qui lui avait rempli l'âme : Vous deviendrez ma femme. N'était-ce pas la réponse à tout ; est-ce que cette promesse ne fermait pas irrévocablement le chapitre des doutes ?

— Bon Donatien, disait-elle, alors nous serons heureux. Nous n'aurons plus besoin de nous cacher aux yeux de mon père ; je n'aurai plus à lui mentir comme je lui mens tous les jours. Oh ! si vous saviez la douleur que me cause cette vie de fausseté et d'hypocrisie.

Donatien souffrait en écoutant ces paroles. Il voulait sourire, mais ses lèvres n'exprimaient qu'une dissimulation amère, navrante.

— Oui, murmurait-il, votre père nous bénira un jour.

Tout à coup Henriette se leva, prêtant l'oreille à un bruit confus qui montait par l'escalier.

— On vient ! s'écria-t-elle.

— Rassurez-vous, Henriette, balbutiait Donatien, effrayé lui-même.

— Je suis perdue ; mon Dieu, pitié !

La sonnette vibrait.

Donatien cherchait où se cacher. Il vit le placard : Henriette lui fit signe d'y entrer ; elle ne pouvait plus parler. Donatien se glissa dans la cachette improvisée assez vaste heureusement pour renfermer un homme malgré tout ce que Chevrotte y avait placé. La coloriste ne pensait plus, ne voyait plus, la terreur avait amorti son intelligence.

La sonnette vibrait toujours. Henriette ouvrit. Il lui sembla que tous les habitants de Paris s'étaient donné rendez-vous sur le palier. Elle vit une foule, mais elle ne reconnaissait personne. Périllon entra le premier, un gros bouquet à la main ; Chevrotte le suivit portant le chapeau de peluche; et puis Jérusard, Pantaléon, Etienne Cassaignet, Denis Lœuf, Pleurniche.

Et finalement, Pas-de-Chance, qu'on avait rencontré immobile à la porte de la maison, n'osant pas entrer, quoiqu'il désirât vivement, lui aussi, souhaiter la fête à celle qu'il nommait un ange.

Ce fut une véritable procession de sourires, de fleurs, de cadeaux ; chacun avait les mains chargées. L'émotion d'Henriette, protégée par l'obscurité, avait été prise pour de l'étonnement.

— Tu ne sais pas que c'est ta fête ? s'écria Périllon.

La raison était revenue dans le cerveau de la jeune fille à qui cette exclamation s'adressait. Peu à peu elle comprit la joie qui brillait dans tous les yeux. Oh ! qu'eût-elle donné en ce moment pour n'avoir pas fait le signal qui avait appelé Donatien chez son père.

Tous les amis de la famille s'étaient rangés en rond autour d'Henriette. Un geste de Jérusard réclama le silence. Au nom de toute la société il présenta le premier bouquet à Henriette.

— Nous souhaitons, dit-il, une bonne et heureuse fête à la plus tendre, la plus vertueuse et la plus aimée de toutes les jeunes filles.

La voix de Jérusard était émue : il se hâta de terminer son discours par deux baisers qu'il déposa sur les joues d'Henriette.

Après quoi ce fut à Chevrotte.

— Voici mon cadeau, dit-elle, essayez-le vite.

Et elle coiffa Henriette du chapeau de peluche grise.

—Vous êtes trop jolie là-dessous, ajouta-t-elle en l'embrassant.

Pantaléon offrit à Henriette une vierge en porcelaine blanche.

Une grosse rose artificielle fut le cadeau de Pleurniche.

Pas-de-Chance n'avait pas même un bouquet, certains détails de son costume trahissaient du reste l'implacable pauvreté qui s'attachait à lui. Sa redingote *neuve* tenait bien encore sur son dos. Sa toilette était ce que nous l'avons vue quelques jours auparavant, à la différence de son gilet, qui n'était plus d'aucune couleur, de sa chemise à carreaux mystérieuseme n cachée et de ses bottes où s'ouvraient maintenant des trouées ogivales.

— Mademoiselle, dit-il, si le guignon n'était pas à ma poursuite, je vous offrirais aujourd'hui mon cadeau comme tout le monde, mais je suis condamné à ne jamais avoir d'ouvrage. Aujourd'hui j'allais être embauché, et il est arrivé des bêtises ; enfin, cré non ! ça suffit ! Je vous donne pour votre fête une larme de reconnaissance.

En disant ces mots, Pas-de-Chance, tourmentait dans ses doigts le foulard qui le cravatait.

— Merci, lui dit Henriette. L'amitié de ce pauvre homme devenait à son cœur un baume inexplicable ; elle ne s'aperçut pas que c'étaient les malheurs amassés sur sa tête qui causaient sa sympathie pour un être à plaindre comme elle.

Quand chacun eut souhaité la fête à la coloriste, elle eut des fleurs plein sa robe. Chevrotte aidait sa sœur à mettre en ordre son fardeau de bouquets.

Pantaléon, profitant de cet entr'acte, prit Pas-de-Chance à part.

— Qu'as-tu voulu dire tout-à-l'héure ? lui demanda-t-il.

— Je vais l'expliquer, mon bon Culotte ; j'ai fait des sottises.

— Quelles sottises ?

— Je suis allé à ton atelier, parce que aujourd'hui M. Durousseau devait m'embaucher comme il me l'avait promis. Je l'ai pas trouvé. Alors, je dis aux quatre camarades : Ousqu'il est le patron ? — Il est à gobelotter on ne sait pas où, qu'on me répond. — Je m'anime contre M. Durousseau ; j'écoute toutes les histoires que

les compagnons me racontent sur lui et
j'ai fait des bêtises.

— Tu en reviens toujours là.

— Ah! dit Pas-de-Chance en colère
contre lui-même, j'ai détérioré le mobilier
de ton patron. Ils m'avaient monté la tête,
les autres !

— Quelle malheureuse cervelle tu as !

— Elle serait bonne à fumer la terre,
tiens !

— Enfin ne te chagrine pas ; il y aura
peut-être moyen d'arranger la chose.

— M. Durousseau pourrait bien me
mettre à présent à la sauce aux gendarmes.

La voix de Périllon interrompit la con-
fidence qu'exigeait Pantaléon.

—Maintenant, disait l'armurier, on va
boire le vin chaud de l'amitié.

Et il disposait une table ronde. — Jus_

qu'à ce moment, Henriette avait conservé une espérance ; en voyant les préparatifs qui annonçaient de la part de son père l'intention de demeurer indéfiniment dans cette salle, elle éprouva toutes les angoisses du meurtrier qui entend lire sa sentence. Son pouls battait à peine, ses mains étaient glacées, sa tête brûlait. Si elle se fut trouvée seule un instant avec Chevrotte, elle lui aurait dit : Sauve-moi, au risque de perdre à jamais l'estime de cette bonne fille, qui la croyait innocente et incapable du moindre subterfuge. Comment invoquer son secours ? Il aurait fallu l'attirer dans l'une des chambres voisines ; mais alors, Henriette absente, on pourrait avoir besoin d'ouvrir le placard. Cette appréhension enchaînait la coloriste, là, sur ce carreau, où elle aurait voulu tomber morte.

Chevrotte était heureuse. Habituée à voir sa sœur exprimer sa joie du bout des lèvres seulement, elle croyait l'avoir vu sourire une fois, et elle pensait qu'il n'y avait que du bonheur dans son âme.

Chacun s'était mis en quête de chaises ; on avait fouillé tout l'appartement. Néanmoins, sans une invention de Pleurniche, — un banc improvisé au moyen d'une planche, — trois ou quatre personnes auraient été obligées de rester debout.

— Dans quoi faire le vin chaud ? demanda Périllon.

— Dans une casserole, répondit Pleurniche.

— Le moutard a raison. Va chercher une casserole Chevrotte.

— Eh bien ! et des verres ? objecta Pantaléon.

— On va en trouver, dit l'armurier.

Henriette ne respirait plus, il lui semblait qu'un étau lui prenait les tempes pour broyer sa tête. — Les verres étaient dans le placard.

— Voici la casserole, dit Chevrotte en revenant. Mais maintenant il faut des verres.

Dans un effort suprême, Henriette se leva.

— Je vais les servir. Je sais où ils sont, balbutia-t-elle.

— Non, tu es la grande dame ce soir, tu ne dois pas te remuer.

— Laisse-moi... laisse-moi faire... cela me plaît, je t'assure...

— Je ne veux pas, s'écria Chevrotte.

Il n'y avait plus qu'un moyen. Henriette le trouva sans l'avoir cherché, car elle commençait à se laisser entraîner par le torrent de la fatalité.

— Il n'y aura pas assez de verres, dit-elle à l'oreille de sa sœur. Si on buvait dans les tasses ?

— Tu as raison, répondit Chevrotte.

La bombe était passée pour la malheureuse Henriette.

— Tant pis, reprit Chevrotte, on boira décidément dans de la porcelaine.

Elle étalait les tasses sur la table. Pleurniche se prit à en considérer une attentivement.

— Ça a bien l'honneur d'être bâti comme un verre, dit-il, mais ça a le désavantage de ne tenir guère plus que deux coquilles de noix.

— Ce moucheron, dit Pas-de-Chance, voudrait boire le vin chaud dans une baignoire.

La première bouteille que Périllon déboucha ne fut pas versée dans la casserole, mais bien dans les tasses, qui s'avancèrent toutes afin de prendre part à cette première libation.

— A la santé d'Henriette! prononça Chevrotte.

Ce toaste fut répété avec un ensemble bruyant.

— A sa beauté physique et morale ! dit ensuite Calixte Jérusard.

— A sa douceur charmante ! continua Pantaléon.

A sa modestie virginale! articula Etienne Cassaignet.

— A son amour pour le travail ! ajouta Denis Lœuf.

— A son esprit! dit Pleurniche.

— A sa bonté pour les malheureux ! s'écria Pas-de-Chance.

— A sa piété filiale ! termina Périllon.

Tous ces éloges avaient été autant de

coups de poignard pour Henriette. Elle se
leva à son tour, puis, jetant vers le ciel un
regard navrant :

— A la mémoire de ma mère, prononça-
t-elle.

IV

Le Trésor du Maître.

A la porte de la maison où on célébrait la fête d'Henriette, il se passait en ce moment une scène bizarre.

Mais afin de remonter un peu à la source des choses, et de ne pas laisser ignorer au lecteur la nouvelle mésaventure que Pas-de-Chance s'était créée, nous devons raconter ici les remarquables évènements qui avaient eu lieu pendant la journée dans l'atelier de François Durousseau. Ce maître menuisier avait définitivement promis de l'ouvrage à Pas-de-Chance. Ce dernier revint le lendemain vers midi pour demander si ses promesses ne pouvaient pas se réaliser de suite. Il n'y avait dans l'atelier ni Durousseau, ni Pantaléon. L'un était sorti depuis longtemps avec un gros rouleau de factures à la main ; l'autre, fatigué de l'animation forcenée que les compagnons montraient ce jour-là contre leur maître, et heureux de saisir un prétexte pour aller passer auprès de Chevrotte une partie de la journée, avait sournoisement retiré sa cotte et déserté l'atelier. Pas-de-Chance ne rencontra donc que les compagnons et Pleurniche. Il s'adressa d'abord à l'apprenti qu'il estimait particulièrement, mais Libournais-la-Prudence prit la parole.

— Le patron se fiche de vous, mon bonhomme, lui dit-il, ça nous afflige, vu que vous avez l'air de quelqu'un qui s'arrangerait pas mal d'un peu d'ouvrage.

— Vous croyez que votre patron se moque de moi, dit Pas-de-Chance en rougissant.

— Oui, et ça ne nous surprend pas, attendu qu'il se comporte toujours envers tout le monde comme un vieux drôle.

— Pleurniche, va me chercher du poussier de mottes, dit Libournais en remettant sa tabatière à l'apprenti qui, en se disposant à exécuter cet ordre, sourit de façon à laisser entendre qu'il aimait autant s'aller promener qu'écouter les calomnies dont on accablait son maître.

— Voyez-vous, camarade, reprit Libournais, le patron vous a fait venir quatre ou cinq fois, parce que ça le flatte quand les ouvriers s'usent les talons en l'honneur de son atelier.

— Tonnerre ! s'écria Pas-de-Chance.

— Oh ! il ne faut pas que ça vous vexe, ajouta perfidement le Vivarais-la-Candeur, vous n'êtes pas le seul à qui il fasse danser ce petit rigodon.

— Et personne ne lui a encore donné la leçon qu'il mérite.

— Mais non, répondit Tourangeau-Fleur-d'Amour, parce que nous autres gens simples et doux comme des moutons, quand nous apercevons sa figure pateline, nous nous laissons tous prendre à son hypocrisie. Ce n'est que quand nous ne le voyons pas que ses ladreries nous reviennent sur le cœur.

— Eh bien ! que je l'aperçoive, moi, je le démolis ! dit Pas-de-Chance.

— Ah ! bien oui : vous vous mettrez à genoux devant lui, dès qu'il vous aura dit un mot.

— Je voudrais qu'il arrivât ! nom de nom !

Le terrible Pas-de-Chance était une véritable chaudière à vapeur qu'on chauffait à volonté. Les compagnons et principalement Libournais avait deviné tout cela.

Nous disons souvent comme vous, continuait ce dernier, et cela n'empêche pas que depuis un an il nous joue sous jambes. Vous allez en juger : ce vieil Harpagon nous refuse une augmentation de 25 centimes sur nos journées, sous le prétexte que ses affaires ne vont pas bien. Et là-haut, dans le grenier où il loge par économie, il s'est construit une cachette où il empile chaque jour, en or et en argent, le produit de nos sueurs. Croyez-vous que ce ne soit pas irritant cela ?

— Il a son trésor là-haut ? demanda Pas-de-Chance.

— Comme je vous le dis.

— Et il se moque des ouvriers qui le lui gagnent ?

— Il s'en bat l'œil.

— Qu'il vienne, qu'il vienne, je vais lui dégoiser son affaire à ce vieux brigand !

— Il vous dira : Ce n'est pas vrai, répliqua Libournais. Il faudrait que vous eussiez les preuves à la main.

— Eh bien, mille nom d'un nom ! j'en veux avoir des preuves. Où est son trésor pour pouvoir lui dire seulement que je l'ai vu ?

—Tenez, l'ami, fit Libournais, vous m'avez l'air d'un lapin qui a du sang dans les veines. Nous allons vider cette affaire à l'instant. Ce vieux ladre n'aura plus le droit de singer la misère. Montons dans sa cahutte, et, devant les camarades, afin qu'il ne puisse nous accuser de lui avoir rien pris, vérifions ses comptes.

— De suite, répéta Pas-de-Chance. On ne gruge pas le pauvre monde sans qu'il se rebiffe !

Une lueur de malicieuse impatience éclairait le rire nerveux des compagnons. Ils fermèrent la porte de l'atelier au verrou, invitèrent Pas-de-Chance à monter le premier et le suivirent. L'obstacle qui une fois avait arrêté Libournais, tomba sous l'énorme poing de l'imprudent ami de Pantaléon. — Les cinq menuisiers entrèrent dans la chambre de François Durousseau.

— Tout est fermé à clés, dit Libournais.

— Voici un rossignol, répliqua Pas-de-Chance en saisissant un ciseau de fer.

— Il faut visiter cette malle, d'abord.

Deux coups de ciseaux brisèrent la serrure sous les mains de Pas-de-Chance. Les compagnons restés jusque-là un peu en dehors de cette coupable opération s'avancèrent la bouche béante, l'œil inquiet. A la place des sacs d'argent qu'ils supposaient entassés, ils virent un pain entamé, un couteau, un verre, des miettes encore fraîches, éparses au fond. Cette découverte inattendue glaça, un instant, l'ardeur investigatrice des ouvriers, Mais Libournais n'était pas homme à s'arrêter pour si peu.

— Ce n'est pas là, dit-il, c'est dans ce coffret...

Il reléva le drap du lit et montra une manière de boîte à violon soigneusement cachée.

— Je veux en finir, dit Pas-de-Chance ,
la joue encore enflammée de cette colère si
facile à provoquer chez lui.

Le coffret ne fut guère plus long à ouvrir
que la malle.

— Voici des billets de banque, fit Libournais en retirant une liasse de petits
papiers carrés, numérotés et barbouillés
de trois lignes d'écriture.

— Ce sont des quittances, observa Albigeois.

« Reçu de M. Durousseau la somme de
trois cents francs à valoir.... 1845.

« Signé : CÉSAIRE DE PRÉMOURAN. »

De son côté, Vivarais-la-Candeur avait
pris une autre liasse de papiers enrichis de
timbres.

— Ce sont des protets, dit-il.

« Je paierai à l'ordre de M. Césaire de
Prémouran... »

— Ouf! s'écria Tourangeau - Fleur - d'Amour, je tiens le mystère: la correspondance.

Il feuilletait un paquet de lettres.

— « Mon cher père. »

— Ah ! il a donc un fils, ce vieux pingre! fit remarquer Libournais.

— « Vous qui m'avez enseigné le courage du soldat, continua de lire Tourangeau, sachez donc avoir celui du commerçant. »

— Bon, j'en étais sûr, interrompit Albigeois-l'Intelligence , le maréchal-des-logis que nous avons vu une fois était le fils de Durousseau. Lis, Tourangeau.

— « Vous ne pouvez payer vos créanciers, m'écrivez-vous, tous vos efforts sont impuissants à lutter contre l'infortune qui vous accable depuis si longtemps... »

Les compagnons avaient perdu tout-à-coup leur joie sarcastique.

Pas-de-Chance, sombre et refroidi, écoutait lire les papiers de Durousseau.

— Mais, disait Vivarais, voici un congé avec commandement à en croire le titre écrit en grosses lettres. Que veut dire cela, camarades ?

— Malgré tout, s'écria Libournais, je sais de bonne part ce que j'ai avancé. Le patron est riche...

— Assez ! interrompit Pas-de-Chance d'une voix terrible. Vous m'avez fait l'instrument de votre haine en me contant des mensonges. Votre maître n'est pas un avare, c'est un malheureux !

— Il est bon, le camarade, dit Libournais. C'est lui qui a tout défoncé, et il trouve que c'est à nous le tort.

Pas-de-Chance replaça les papiers, et

remit le coffret à sa place. Hélas! les traces de sa faute étaient ineffaçables.

— Toujours, se disait-il à lui-même, toujours victime de mes emportements ! On me pousse, et je vais comme un dogue, sans réflexion, sans pitié ; je commettrai des crimes quelque jour. — Oh ! pourquoi suis-je si fort ! pourquoi cette puissance qui devait contribuer à mon bien-être n'est-elle pour moi qu'une source de malheurs et de folies ! — N'ai-je pas été injuste aujourd'hui ! Influencé par ces hommes, j'ai ravagé le domicile d'un pauvre vieillard qui ne m'avait reçu qu'avec bonté. J'ai récompensé le bon accueil qu'il m'a fait en brisant ses meubles pour surprendre ses secrets ; et tout cela, parce que, quand le sang me monte au visage, mon poing se lève comme une machine. Si, dans l'état de menuisier, on n'avait pas besoin de son poing, comme je prendrais une hache pour couper le mien !

Les compagnons descendus dans l'atelier avaient repris leur travail après avoir ouvert la porte à Pleurniche qui, de retour de sa mission, causait dans la cour avec l'enfant que Pantaléon nommait le môme de sa portière.

— C'est ce soir la fête à mam'selle Henriette, était venu dire Pleurniche à l'oreille de Pas-de-Chance.

— Ah ! c'est la fête de cet ange !

— Chut !

Le maladroit avait dévoilé aux compagnons le secret que Pleurniche s'efforçait de leur cacher.

M. Durousseau arriva ; Pas-de-Chance se mordit les lèvres jusqu'au sang. Le maître menuisier paraissait moins abattu que de coutume.

— Bonjour, mon ami, dit-il à Pas-de-Chance ; c'est de l'ouvrage que vous voulez, n'est-ce pas ; vous ne pouvez plus attendre ? Oh ! je comprends. Eh bien ! mettez-vous à cet établi et commencez.

Cette voix affectueuse et compatissante remua tellement le cœur de Pas-de-Chance, qu'il se précipita sur les quatre compagnons le poing en avant ; mais M. Durousseau montait vers sa chambre. Le malheureux briseur de serrures se sauva en courant, comme une fois il s'était sauvé de Château-du-Loir.

— Je suis un misérable fou, pensait-il, jamais je n'aurai d'ouvrage, jamais je n'épouserai Ninette Soviche.

Néanmoins Pas-de-Chance s'était rendu à la soirée de Périllon, et les quatre compagnons avaient eu également l'intention de porter leur bouquet à Henriette.

Or, huit heures sonnaient à l'Hôtel-de-Ville. Rasé de frais, costumé de son mieux; Libournais-la-Prudence débouchait par la rue des Nonaindières et se dirigeait lestement vers la maison de l'armurier. Mais au moment où il arrivait à la porte, il se heurta à quelqu'un arrivant du côté opposé.

— Tiens, c'est Vivarais! dit-il.

— C'est Libournais! répliqua l'autre.
Ils s'efforçaient de dissimuler leur air embarrassé, étonné, irrité.

— Eh bien! reprit mielleusement Vivarais, a qui donc est ce bouquet qui s'étend à tes pieds?

— A qui est celui-là, couché entre tes bottes?

— C'est drôle! les rues sont jonchées de fleurs comme à la Fête-Dieu.

— Je crois, objecta Libournais, que ce

bouquet est tombé de dessous ta redingote.

— Cet autre me fait le même effet ; il me semble que tu le cachais.

Leurs lèvres essayaient de rire, mais leurs yeux échangeaient des éclairs de rage.

— Nous sommes donc deux, disait Viverais avec ce ton de candeur quelque peu aigre qui justifiait son surnom.

—Nous sommes trois, murmura Libournais. Et il montrait Tourangeau - Fleur-d'Amour, qui, arrivé à l'instant, reculait stupéfié à l'aspect inattendu de ses deux camarades.

— Et même quatre, dit Vivarais.

Albigeois-l'Intelligence approchait lentement, les yeux baissés, ne regardant personne afin de n'être pas vu. Il poussa un octave d'interjections en rencontrant les amis qui lui barraient le chemin.

Pendant une seconde, les quatre compagnons demeurèrent muets. Libournais interrompit ce silence par un éclat de rire très bruyant, mais affecté. Ses camarades se crurent forcés de faire chorus, et ils déployèrent leur gorge d'une manière assourdissante.

— Chacun de nous trompait l'autre, dit Libournais ; nous sommes tous les quatre amoureux de la même femme.

— Oh ! amoureux ! fit Vivarais.

— Très-peu, dit Albigeois.

— Presque pas, ajouta Tourangeau.

— Voulez-vous que nous tirions au sort cet amour malheureux ? demanda Libournais.

— Non , répondirent les trois camarades.

— Nous nous sommes associés pour que

mademoiselle Henriette appartînt à l'un de nous, dit Vivarais ; nous la prierons de choisir, un de ces jours. Jusque là, si vous voulez, aucun de nous ne mettra les pieds chez elle.

— Adopté ! murmurèrent les autres, en hochant la tête et en pinçant les lèvres.

— Voilà qui est parfaitement raisonné, ajouta Libournais, sur ce, les amis, en route.

Les quatre compagnons disparurent lentement dans l'obscurité.

Alors, deux personnages qui semblaient s'être tenus à l'écart, afin d'éviter leur rencontre, se placèrent immobiles à quelques pas de la demeure de Périllon.

VI

Les Folies du Vin chaud.

Chevrotte venait de rapporter la casserole pleine de vin fumant. Les amis de Périllon n'en avaient pas encore fini avec la
fusillade de louanges qu'ils exécutaient
sur la coloriste. Si ce n'eussent été que de
froides banalités prononcées du bout des
lèvres comme des protestations d'amitié
échangées entre gens qui se haïssent,

Henriette n'aurait pas souffert autant à les entendre ; mais c'étaient de sincères témoignages rendus presque publiquement à ses vertus de jeune fille. Son père ramassait une à une ces cruelles offrandes qui l'inondaient de joie, qui lui gonflaient le cœur. Et là, derrière lui, un voile n'avait qu'à se déchirer pour qu'à la place de son orgueil paternel, il n'y eût plus que du désespoir et de la honte.

Une énorme cuillère à la main, Pleurniche s'était arrogé l'emploi d'échanson ; chaque fois qu'il versait une portion du liquide dans l'une des tasses, il adressait une malice à la personne qu'il servait. Henriette et Calixte Jérusard étaient seuls exceptés. Pleurniche ne rencontrait pas sur leur physionomie la moindre étincelle de gaîté qui pût répondre à sa raillerie. Il se rejetait alors sur Pantaléon et Pas-de-

Chance. Le premier avait brisé de nombreux cachets verts avant de s'asseoir à cette table. Il riait à tout propos et donnait fréquemment de grands coups de poing à son formidable ami, afin de l'avertir qu'il était convenable de rire aussi. Pas-de-Chance, averti de la sorte, jetait des éclats de rire à fendre les vitres, tandis que Cassaignet et Denis Lœuf luttaient d'éloquence et de logique pour prouver à leurs femmes l'insupportable fadeur de la valse sans musique ; ces dames, emportées par une douce ébriété, oubliaient leur âge raisonnable et soutenaient qu'une fête ne peut être célébrée dignement sans quelques minutes de danse. Elles firent Chevrotte juge de la question. Avant de se prononcer, la brunisseuse demanda à consulter sa sœur.

Acceptant les fréquentes rasades offertes par Pleurniche, Jérusard et Périllon, représentants de la sagesse grisonnante, parlaient rarement et écoutaient toujours. L'armurier, assis auprès de sa fille Henriette, la regardait avec inquiétude depuis un instant. Il s'apercevait de l'extrême pâleur qui n'avait même pas épargné ses lèvres d'un rouge si vif ordinairement.

— Le père Jérusard ne pouvait voir une réunion de famille sans qu'elle lui rappelât un pénible souvenir. Comptant les bouquets dont on avait rempli les mains d'Henriette, admirant chez cette jeune fille le trouble qu'il prenait pour du bonheur, écoutant de chastes baisers tomber sur ses joues, il s'était senti frapper au cœur par un souvenir poignant. Ah! c'est que lui aussi il avait eu une enfant belle et pure qui, au jour de sa fête, recevait des fleurs en baissant les yeux. C'était sa gloire ; il la présentait à ses amis comme un soldat montre sa croix d'honneur. Il disait à tous ses vertus ; il lui prodiguait autrefois cette tendresse dont Périllon environne Henriette. Et maintenant il n'avait pour elle qu'une malédiction, plus lourde, il est vrai, à son cœur qu'à ses lèvres. — Pauvre homme, il se surprenait à jalouser Périllon, et pour étouffer sa douleur il buvait.

— Tu vas répondre à une question grave, disait Chevrotte à sa sœur.

Un frémissement courut par tout le corps de la coloriste.

— Parle, prononça-t-elle.

— Veux-tu que nous dansions un quadrille ? Madame Cassaignet et madame Denis Lœuf en meurent d'envie.

Henriette demeura un instant sans répondre, comme si ces mots ne fussent arrivés à son intelligence que longtemps après avoir frappé son oreille.

— Danser? fit elle.

— Ne vous inquiétez pas de l'orchestre, mamselle, s'écria Pleurniche ; je sais les plus beaux airs de Bosisio ; je les chanterai tout aussi bien qu'une clarinette ; Pantaléon sifflera pour faire la flûte, et la muraille servira de grosse caisse à Pas-de-Chance.

— Mais où prendra-t-on un cavalier, si je deviens un instrument? objecta judicieusement Pantaléon.

— Chevrotte, dit Henriette, on prend ta plaisanterie au sérieux.

— Ce n'est pas une plaisanterie, nous danserions bien.

— Ma fille, dit Périllon à la coloriste, pourquoi n'es-tu pas gaie comme ta sœur? Je ne sais pas, mais on te croirait souffrante.

— Moi! fit Henriette, n'être pas gaie; mais, tenez, je ris, je suis heureuse...

Il y avait tout un martyre écrit sur les traits de cette jeune fille.

— On t'offre de danser et tu refuses? reprit Périllon.

— Vous voulez que je danse, et bien! dansons! s'écria Henriette en promenant autour d'elle un regard halluciné.

— Dansons, répétèrent mesdames Cassaignet et Denis Lœuf.

En ce moment, sous les fenêtres de la maison de Périllon, un orgue bégayait des sons qui firent pousser un cri de joie à toute la société.

Voilà notre affaire, dit Pleurniche.

Pantaléon ouvrit la fenêtre et appela le joueur d'orgue. Celui-ci après avoir bien compté les étages, arrangeait son instrument sur son dos et se disposait à pénétrer dans la maison ; mais à quelques pas de lui se trouvaient les deux personnages que nous avons vus éviter la rencontre de Libournais et de ses amis. C'étaient une femme et un homme : la femme avait des vêtements riches.

— Minot, disait-elle, payez ce joueur d'orgue, afin qu'il vous laisse monter avec lui, comme si vous étiez son camarade. Si M. le comte est là-haut, redescendez immédiatement.

Minot était simplement l'espion dont nous avons vu apparaître la tête de faune dans les recoins de ce drame. Il courut au joueur d'orgue, lui glissa quelques mots et quelques pièces de monnaie. — Trois minutes après, ils entraient tous deux chez Périllon. Afin de n'être pas reconnu de

Pantaléon Jérusard, qu'une fois il avait pressé sur son cœur en lui disant : Je suis ton oncle, Minot s'était enfoncé son chapeau jusqu'aux yeux. Un triangle, que le joueur d'orgue lui mit dans les mains, lui procurait du reste une complète physionomie d'artiste bohême.

— Un quadrille ! un quadrille ! s'écria-t-on.

— En place, invitez vos danseuses ! ajouta Pleurniche sur un ton emprunté aux us et coutumes des bals de barrière.

Les deux musiciens s'étaient placés dans l'embrasure de la fenêtre. Minot avait promené son regard vitreux partout. Obligé de se donner une contenance il s'apprêtait à jouer tant bien que mal de l'accessoire musical confié à ses soins.

Chacun s'était hâté d'inviter une danseuse. Etienne Cassaignet et Denis Lœuf, leurs femmes au bras, se faisaient vis à vis. Pantaléon, un peu incertain dans sa démarche et dans ses mouvements exagérés, abritait sous une gaîté extraordinaire les folies dont on aurait pu accuser son éternel défaut de sobriété. Il voulait absolument que son père dansât. Chevrotte, Périllon et bientôt tous les assistants se joignirent à lui pour décider Jérusard. Celui-ci se rendit enfin, il invita Henriette. Elle refusait, car elle craignait, en se levant, de tomber évanouie sur le carreau ; mais on l'entraîna de force en poussant des exclamations de joie qui lui vibraient dans la tête comme des cris de malédiction. Elle devait danser là devant ce placard qui était le cercueil de son honneur ! L'orgue commençait de jouer ; Minot frappait sur son triangle ; Pleurniche s'étant improvisé des baguettes, modulait sur la table des roulements qu'il appelait des accords. Henriette, épuisée, haletante, appuyée sur Jérusard, se sentit emporter par la danse comme par un flot ; les objets et les êtres tournoyaient devant elle. Les murs s'étaient reculés tout à coup ; elle se trouvait dans une salle immense dont le plafond, comme un brasier ardent, versait de la lumière et de la chaleur. Et il lui semblait que le père Jérusard avait disparu ; c'était Donatien maintenant qui la soutenait ; c'était avec lui qu'elle s'abandonnait au tourbillonnement de cette vision qui ne cessa qu'avec le quadrille.

Alors Henriette tomba sur une chaise ; elle demanda de l'eau ; car l'air qu'elle respirait brûlait sa poitrine.

— Tu t'es fatiguée ? lui dit Chevrotte.

— Laisse-moi, fit-elle ; laisse-moi...

— Ma sœur! murmura celle-ci avec anxiété, qu'as-tu?

Ce bruit, cette musique, cette fête me font mal, dit Henriette. Mais ne crois pas que je veuille troubler votre joie, non. Oh! amusez-vous, dansez...

La pauvre fille embrassait sa sœur comme un enfant sa mère; elle avait posé sa tête sur son sein; elle retenait des sanglots qui la déchiraient intérieurement. Et on dansait toujours; tout le monde riait et folâtrait sans voir ses souffrances; l'innocente Chevrotte, un peu ébahie des paroles qu'elle venait d'entendre, cherchait à leur donner un sens. Tout-à-coup elle se leva:

— Je comprends, dit-elle; on abîme le carreau du salon, les meubles même sont menacés. Attends, je vais congédier les musiciens, et puis on boira dans la cham-

bre de notre père, sur la grosse table,
n'est-ce pas? Je gage que c'est cela qui te
tourmente.

Cette proposition ranima le rayon d'espérance éteint pour Henriette.

— Oui, dit-elle, tu as deviné.

Pas-de-Chance ne dansait pas ; adossé
au mur près de la chaise de la coloriste,
il contemplait son suave profil.

— Mademoiselle, dit-il à voix basse,
est-ce que vous avez de la peine?

— Un peu, mon bon Pas-de-Chance,
répondit-elle.

— Cré nom ! grommela l'herculéen
menuisier en fermant son poing et le
portant en avant comme pour menacer
un être imaginaire ; — dites-moi qui vous
afflige, et je le découds !

Le vacarme avait subitement atteint son
apogée chez Périllon, Pantaléon protes-

tait énergiquement contre les ordres de Chevrotte, qui renvoyait les musiciens ; il se querellait avec elle, aux grands éclats de rire de Jérusard lui-même. Celle-ci, dans le feu de la dispute, s'abandonnant à des gestes très animés, s'était décoiffée involontairement. Pantaléon saisit le bonnet de tulle, et se le mit sur la tête.

A la vue de cette farce, les spectateurs ne purent retenir une explosion d'hilarité. Laissant cette dépouille aux mains de son vainqueur, Chevrotte profitait du divertissement joué par Pantaléon pour transporter les chaises, les tasses et la casserole au vin chaud dans la chambre de son père. On ne s'aperçut de cette translation que lorsque Pleurniche, prenant le flambeau, invita la société à le suivre dans la pièce voisine.

Enhardi par le succès de son commencement de mascarade, Pantaléon cherchait à la compléter. La demi-obscurité établie maintenant dans le salon, favorisait ses projets. Il s'imagina qu'il trouverait un châle ou une robe dans le placard, il posa la main sur la targette. Henriette le vit alors seulement.

Il entr'ouvrit la porte et la referma aussitôt ; un frisson lui parcourut l'épine dorsale : il venait d'apercevoir un homme là, dans ce placard.

Tous les amis de Périllon étaient entrés dans la chambre où devait se terminer la fête. Henriette et Pas-de-Chance allaient également quitter le salon.

— Tenez, mon ami, dit la coloriste à ce dernier, saisissez Pantaléon et le portez dans la chambre de mon père, je vous en supplie.

Sans exiger la moindre explication,
Pas-de-Chance fit de ses bras une ceinture
de fer qu'il passa autour du corps de son
ami, et l'enleva du lieu où il s'était mis en
arrêt comme un chien de chasse. Tandis
que Pantaléon se débattait sous cette
étreinte, Henriette ouvrit le placard, puis
enfin la porte qui donnait sur le palier.
Donatien s'enfuit. Personne n'avait surpris cette évasion, tout aussi miraculeuse
que celle de M. de Latude. Arrivé dans la
rue, Donatien se dirigea en toute hâte du
côté des Champs-Élysées.

Mais la femme que nous avons vue parler à l'espion Minot le suivait. Elle était
seule : ses dents claquaient de colère ; elle
ne respirait pas ; elle râlait. On eût dit
une louve suivant un voyageur qu'elle
n'ose attaquer. Elle s'arrêta tout-à-coup

pour laisser déborder un flot de rage qui l'étranglait.

— Sulpice Jérusard, prononça-t-elle à voix basse, tu sauras comment se venge Reine Machu !

Fatale coïncidence, Donatien se nommait donc également Sulpice Jérusard.

Ainsi qu'on le pense, Pantaléon n'avait pas tardé à s'arracher des bras de Pas-de-Chance. Remettant à un autre moment les explications que son ami lui devait sur l'étonnant tour de force exercé sur sa personne, il était revenu l'œil en feu, le poing levé, se poser devant le placard. Chevrotte, surprise de ses mines furieuses, lui prit le bras.

— Que faites-vous-là ? lui dit-elle.

— Malheureuse ! lui répondit le menuisier, vous le savez !

En voyant un homme caché dans le

placard, Pantaléon n'avait plus cru à l'honneur de sa fiancée ; mais le moindre soupçon ne s'était pas élevé en lui contre Henriette. Tel était l'ascendant moral de la coloriste que le doute même ne pouvait l'atteindre.

— Vous êtes fou ! s'écria Chevrotte.

— Il y a un homme caché là, grommela le menuisier.

A ces mots Chevrotte partit d'un éclat de rire interminable. Henriette, rassurée malgré tout, écoutait les fureurs de Pantaléon comme on écoute les grondements lointains d'un orage passé.

— Ouvrez donc, disait Chevrotte.

Le menuisier ouvrit. Dans le fond du placard il y avait une glace cassée, déta-mée. Chevrotte la montra à Pantaléon.

— Vous vous êtes pris pour un homme,

put-elle à peine articuler, tant le rire la suffoquait.

Ebahi, reconnaissant son erreur, il alla se mettre à table, et but avec d'autant plus d'acharnement, que pendant un moment il avait ressenti une émotion susceptible de donner soif. Il trinqua avec tout le monde, avec son père surtout, et si souvent, que lorsqu'ils descendirent de chez Périllon, Calixte Jérusard, honteux d'avoir sacrifié aux douceurs du vin chaud, et Pantaléon, prêt à continuer par d'autres sacrifices, s'appuyaient l'un sur l'autre afin de ne pas rouler dans l'escalier.

— Si maintenant qu'il est gris, je conduisais mon père chez ma sœur Laure ? se disait le menuisier.

VII

Les fredaines de Jérusard.

— Je t'assure, mon fils, qu'on a mis du beurre sur les pavés !

— C'est pas possible, mon père, nous glissons ainsi parce que le quai va en montant comme la côte du mont Valérien. Venez, arrêtons-nous un instant dans ce bosquet.

Pantaléon montrait à Calixte Jérusard

une boutique de marchand de vins tout
enguirlandée à l'extérieur de pampres
dorés enroulés à une grille de fer qui
doublait la muraille du rez-de-chaussée.

— Tu crois que c'est un bosquet?...
demandait le bonhomme.

— Vous n'y voyez pas cette corbeille de
fleurs, continua le menuisier en désignant
le comptoir, bassin de métal où brillaient
des verres arrangés en massifs scintillants,
et des bouteilles au cou chastement cra-
vaté de vert et de rouge.

— Reposons-nous dans ce bosquet,
chanta Calixte d'une voix chevrottante.

Certes, nous ne surprendrons personne
en disant que Pantaléon était ivre; mais
il nous en coûte de révéler au lecteur les
effets et les causes de la gaîté de Jérusard.

Le jeune menuisier voguait en ce moment sur des flots de bonheur ; il soutenait son père qui trébuchait quelquefois, et riait le premier du peu de solidité de ses jambes.

— Voyez-vous, disait Pantaléon, moi je suis habitué aux influences de la bouteille, c'est tout au plus si ça me pèse sur la langue. Mais vous, ah ! vous, dam ! il faudrait vous y accoutumer ; ce ne serait pas long, si vous vouliez.

Tels étaient les étranges conseils que le menuisier donnait à son père dans le délire de sa joie Il aurait tant aimé à avoir pour compagnon de ses incartades bachiques ce vieillard qui demeurait trop souvent renfermé dans une sombre tristesse.

— Les étourdissements du vin étaient aux yeux de Pantaléon les seules voluptés réelles mises par la nature à la portée de tous les hommes. Et il voyait son père délicieusement balancé au souffle de l'ivresse, il le surprenait riant en une minute plus qu'il n'avait ri pendant une année, étranger à ses souvenirs de peine, insensible à toutes autres larmes qu'à celles que la bouteille égrène en perles jaunes ou rouges. N'était-ce pas la justification de sa philosophie mesurée au litre. O Noé! si à cette heure Pantaléon eût connu l'une des pages les plus intéressantes de votre histoire, c'eût été sur votre nom qu'il eût versé les chaleureuses inspirations de gratitude, qui s'élevaient de son cœur comme des flammes d'un punch en feu.

— Où me conduis-tu donc, mon fils? demandait Jérusard.

En sortant du bosquet, où ils avaient cueilli des prunes et des cerises à l'eau-de-vie, nos deux guillerets se dirigeaient vers la rue Montmartre.

— Jamais nous ne retournerons chez nous par ce chemin, disait le père.

— Venez et laissez-vous conduire, répondait Pantaléon.

A l'air de résolution écrit sur la physionomie de ce dernier, on pouvait deviner qu'il n'avait pas assez perdu la raison pour ignorer quelle rue il faisait parcourir à son père.

— Nous tournons le dos à notre maison, dit Jérusard en s'arrêtant et en cherchant à lire sur une plaque bleue les lettres blanches qui indiquaient le nom du carrefour.

— Certainement, répliqua le menuisier.

— Et où allons-nous ?

— Promener un moment ; il n'est pas dix heures.

— J'admets qu'on se promène un instant, le soir, parce qu'enfin, si le bon Dieu
a cloué des étoiles sur son ciel, c'est pour
qu'on les regarde ; mais je ne vois pas l'u-
tilité de coudoyer tous ces fiacres qui sont
payés à l'heure pour broyer les Parisiens.

Les judicieuses observations de Jérusard lui étaient inspirées par le dangereux
mouvement de la rue qu'il remontait depuis quelques secondes. Pantaléon, au travers des fumées de son vin, cherchait son
intelligence pour lui demander un con-
seil.

— Tu m'amènes sur les buttes Montmartre, reprenait le père Jérusard ;
voyons, mon garçon, il n'est pas possible
que tu aies ton bon sens...

La voix du brave homme s'alourdissait
de plus en plus. Il balbutiait certains mots;
en revanche, il y en avait qu'il rendait

par des gestes, mais qu'il ne prononçait
pas.

— Mon père, dit enfin le menuisier, je
vous mène chez un de mes amis, avec qui
je désire vous faire nouer connaissance.
C'est ici. Je vais m'informer auprès du
concierge.

Ils étaient rue de Navarin, numéro 40.
— Laure habitait un petit appartement au
deuxième étage de cette maison. Du haut
en bas, l'escalier ciré, éclairé au gaz, revêtu, sur les marches, d'un tapis étroit,
retenu par des tringlettes invisibles, invi-
tait à monter rien que pour le plaisir de
la chose. A chaque palier, une statue sur
piédestal vous souriait hypocritement et
d'une main vous montrait l'étage supé-
rieur. Au moyen de ses supercheries, on
vous eût fait escalader le ciel sans vous
donner le temps d'y songer! — La porte

de l'appartement de Laure, à double bat-
tant bronzé, fermée, était un certificat
d'aisance ; ouverte elle perdait sa valeur,
car alors on s'apercevait qu'elle réalisait à
peine la moitié de ses promesses, le corridor n'occupant que la moitié de la lar-
geur qu'on lui aurait supposée. Après
avoir traversé un vestibule, on arrivait
à la chambre à coucher, nid rose et blanc,
de satin et de velours, de soie et de den-
telle. — Le lit qu'on voyait dans une al-
côve, au travers de rideaux de mousseline
brodée, était chargé d'édredons roses em-
prisonnés dans une gaze à fils de neige ;
les fauteuils, les chaises, les moindres
meubles, étalaient des sculptures char-
mantes que rehaussaient les tons brûlants
du satin rouge répandu partout avec pro-
fusion. Le tapis, honorable produit d'Au-
busson, couvrait le parquet en entier ;

c'était une toison blanche sur laquelle des
arabesques écarlates dansaient leurs ca-
prices désordonnés. Cet abus des couleurs
vives, coquettement prémédité pour enlu-
miner la pâleur de Laure, formait un atmosphère aurore, où les moindres choses
s'empourpraient. Une levrette à robe
grise, mouchetée de lait, campée sur son
train d'avant, le museau allongé, se chauffait et regardait le feu élégant qui pétillait
dans l'âtre. Il y avait l'orgueil de l'a-
ristocratie dans l'air insouciant et blasé
de cet animal. Couchée sur une chaise
longue, Laure se chauffait comme la levrette, et comme elle regardait le jeu des
flammes.

Une soubrette, grosse personne à mine
alsacienne, se glissa auprès d'elle.

— Madame, il y a là deux hommes qui
veulent vous parler, dit-elle.

— Je ne suis pas visible à pareille heure,
répondit Laure. Quels sont ces hommes?

— L'un m'a dit à l'oreille qu'il venait
remplir une promesse qu'il vous a fait aujourd'hui même.

— Qu'ils entrent !

La soubrette se retira. L'instant d'après
Pantaléon parut poussant son père par les
épaules.

Calixte Jérusard cherchait à démêler
dans son ivresse ce qui était maintenant
vision ou réalité. Debout, au milieu de la
chambre, il se donnait des coups de poing
dans les yeux et ne discontinuait ces mouvements cruels que pour promener autour
de lui un regard attéré. Il n'avait pas encore reconnu Laure.

— Où suis-je ! prononçait-il ; et il tour-
nait sur lui-même.

Laure appuyée sur un fauteuil, s'y retenant afin de ne pas rouler aux pieds de son père, avait été tellement surprise par cette apparition, qu'elle ne respirait plus.

Pantaléon, adossé à la porte, admirait cette scène navrante. Ses lèvres riaient, ses yeux pleuraient.

— Où suis-je donc? répétait Jérusard.

Tremblottant et trébuchant, il s'approcha de Laure. Il la reconnut et poussa un cri comme si un sabre lui eut ouvert la poitrine.

— Mon père! s'écria enfin la fille coupable en se précipitant à ses genoux.

Jérusard eut un moment de folie effrayante. Il recula devant sa fille comme devant une ombre infernale. Ses joues étaient pâles. Ses yeux avaient le terne enflammé de l'agonie.

— Laure?... Laure?... c'est Laure! se demandait-il. Qui donc m'a conduit ici sur ces tapis qui cachent une boue infecte !

— Ne parlez pas ainsi, balbutiait Pantaléon en essayant d'apaiser son père, je vous en supplie.

— Je ne vous connais pas, vous! reprenait Calixte Jérusard ; entre vous et moi, il y a la même distance qu'entre la honte de cette fille et mon honneur.

— Vous me tuez en me traitant si durement, disait Laure ; mon Dieu, si je suis votre honte, votre honte n'est pas éternelle : je ne vivrai pas bien longtemps.

Le visage de Jérusard changea subitement ; des larmes éteignaient le feu de ses yeux. Après sa phase de colère, l'ivresse le ramenait à l'attendrissement. Comme s'il eût obéi à une force surhumaine, il revint vers Laure.

— Ma fille ! s'écria-t-il.

Elle tomba dans ses bras, étouffée par les sanglots. Alors, Pantaléon, pleurant de bonheur, se mit à danser autour de son père et de sa sœur, qui se tenaient enlacés.

C'était un de ces tableaux comme il ne s'en trouve pas au Musée, une scène à mouiller des paupières de marbre, à émouvoir les détracteurs de la famille eux-mêmes. Oh ! messieurs les sceptiques, vous qui avez nié la force de l'amour paternel ou filial, parce que votre âme glacée ne pouvait éprouver le plus pur des sentiments humains, si vous aviez vu ces embrassements pleins de tendresse et de désespoir, si vous aviez compris que ce père profitait de son ivresse pour éluder les justes exigences de son honneur offensé, vous auriez un instant nié ce sarcasme

dont vous avez enferré votre philosophie :
La famille est un mot.

Mais l'attendrissement de Jérusard me-
naçait de disparaître pour faire de nouveau place aux sentiments de dignité sé-
vère dont son âme était si fortement im-
bue. Le menuisier demanda de l'eau-de-
vie à la soubrette ; elle en apporta un
flacon ; Pantaléon le fit boire presque entier à son père. — L'ivresse du vieillard
atteignit son paroxisme. Il renversait les
meubles et se livrait à des extravagances
d'enfant.

— Oh ! comme cette couverture est belle !
disait-il en se couchant sur le tapis ; pourquoi la laisses-tu sous les pieds, ma fille ? Il
faut être plus économe que ça. — Tiens, et
ce lit, une montagne de neige et de feuilles
de roses ; — c'est beau, c'est magnifique !

Jérusard s'animait de plus en plus. De

la douceur la plus grande, il était monté,
peu à peu, à ce ton saccadé, strident, particulier aux déclamations des fous. Il continua.

— Mes enfants sont donc riches ! Ah ! je
savais bien qu'ils ne demeureraient pas
éternellement dans la condition médiocre
de leur père. Avec de l'intelligence et du
savoir, comme ils en ont, il leur a été facile de s'élever... Ils ont des tapis sous leurs
pieds comme il y en a aux Tuileries et
chez les ministres... Ils ont de l'or dans
leurs poches, de l'or sur leurs cheminées,
de l'or sur leurs valets, de l'or sur leurs tables à manger, de l'or toujours, de l'or
partout ! Là, il faut avouer qu'ils le méri-
tent bien... Ils ont tant travaillé ! Ils se sont
donné presque autant de mal que leur
pauvre père. C'est à Laure tout cela ! Ces
draperies, ces mille choses qui brillent,

qui aveuglent, c'est à elle! Ce luxe, cette opulence, elle aussi, elle en a voulu!

La voix de Jérusard vibrait maintenant rugissante, épouvantable.

— Mon père, calmez-vous! s'écriait Laure.

— Où est-il donc l'autre qui est riche aussi? Sulpice!... Sulpice!... viens donc que je te pardonne aussi un instant! que je te presse sur mon cœur! Viens, oh! il ne m'entend pas! ma pauvre voix d'ouvrier ne monte pas jusqu'à son palais. Sulpice! Sulpice!

— Mon père, disait Pantaléon, vous vous rappelez bien que mon frère est mort... Ne l'appelez pas ainsi. Cela nous désespère.

— Je veux le voir, répétait le malheureux homme. En ce moment, mes bras sont ouverts, demain ils seront fermés à jamais peut-être ! Sulpice, viens ! Oh ! il ne viendra pas !

La constitution délicate de Laure ne put résister à l'accès de démence qui tourmentait son père ; elle tomba sur le tapis. — Pantaléon sanglottait.

— Bon, continuait Jérusard , en s'apaisant, voilà ma fille qui meurt, à présent...

Il se mit à genoux auprès d'elle.

— Laure, ma fille, reviens à toi ! Voyons, réponds-moi... Ne demeure pas ainsi comme un cadavre ; songe que dans un instant nous allons nous séparer pour longtemps, pour toujours ! — C'est Pantaléon qui m'a grisé, qui m'a conduit ici ; ça ne lui arrivera plus, je m'en défierai. Profite de sa faute ; embrasse cette tête dont tous les cheveux vont blanchir loin de toi. Un jour tu chercheras cette voix, ce sourire, ce père qui est devant toi maintenant ; tu demanderas où il est, on te montrera de l'herbe qui pousse, et on te dira : Il est là-dessous !

Calixte Jérusard se redressa tout à coup, prit son chapeau qu'il avait mis sur un fauteuil, jeta un dernier regard à Laure et sortit.

Après avoir soigné sa sœur avec la soubrette, Pantaléon revint vers la rue Geoffroi-Lasnier ; il marcha si vite qu'il rejoignit son père sur la place du Châtelet. Celui-ci lui donna tranquillement le bras sans prononcer un mot.

Quand ils furent arrivés, Jérusard n'adressa que cette question à Pantaléon :

— Est-ce que nous sommes allés bien loin nous promener ?

Le menuisier ne répondit pas.

FIN DE LA PREMIÈRE PARTIE.

DEUXIÈME PARTIE.

I

La Jambe du Mort.

En Touraine, la couleur féodale est encore attachée au sol. C'est un des rares
endroits de France où les clochetons soient
restés sur les murailles grises, les girouet-
tes sur les pignons ardoisés, les arbres des
parcs sur leur lit de mousse, et les forêts
sur leur immensité. L'Indre et le Cher,

avant de se perdre dans le sein de la Loire,
semblent, rivières folichonnes, regimber
contre la nature et se livrer à mille extravagances de jeunes filles qu'on marie trop
jeunes. Elles s'approchent l'une de l'autre
en déchirant des prairies pour se frayer
un passage entre gazons et fleurs, puis se
séparent tout à coup et vont courir cha-
cune de son côté, à droite ou à gauche, en
avant ou en arrière ; il leur faut de l'espace,
voilà tout ; elles se veulent divertir. Le lieu
où s'exécutent leurs derniers divertisse-
ments est parsemé de châteaux et de bois,
de vallées vertes et de tertres rocheux ;
c'est un pays à inspirer des folies aux rivières les plus sages ! Dans ce pays est si-
tué la forêt de Villandry, une forêt qu'on
traverse en quatre heures si on sait prendre les chemins les plus courts. Les arbres
y sont de diverses grosseurs et de diverses

espèces, suivant la qualité et le genre de terrain sur lequel ils s'élèvent.

Une lieue de long, vous voyez des chênes hauts et branchus, comme des discours de réception à l'Académie. Ces arbres ont l'égoïsme de la caste : auprès de leurs racines, ils laissent à peine croître un lambeau de mousse brodé de ronces. La terre doit être à eux seuls, toujours nette, et disposée à recevoir leur gland en automne, leur feuille en hiver. Quand le lierre s'avise de grimper sur eux, ils repoussent cette familiarité humiliante, et s'ils ne peuvent s'arracher à ses importunités, ils s'en attristent au point d'en mourir. Le guy et autres végétations plus ou moins consacrées par de superstitieuses croyances, ne plaisent pas davantage à ces grands seigneurs des forêts. Ils se savent beaux et n'ont nullement besoin de ces difformités à leur parure.—Plus loin, dans un bas fond, voici des ormes, des vergnes et des frênes, ramages abondants et touffus, accaparant la chaleur du soleil comme les chênes le suc de la terre.

Aux pieds de ces chevelus, les broussailles de tout genre se livrent à une extension désordonnée : des herbes longues, droites comme des poignards à lames microscopiques, dentelées en manière de scies à double tranchant, ou taillées en as de cœur, se disputent l'espace et se croisent comme des armes de combattants ; parfois une petite fleur rouge ou bleue se hâte de vivre timidement de sa frêle existence dans cette société sauvage où le destin la fit naître. Et enfin là-haut sur cette colline où la terre est blanchâtre, on a planté des pins, c'est le plus sobre de tous les arbres, il s'accommode de tout ; le sable

est du luxe pour cet anachorète de la végétation : un rocher lui suffit. La fougère,
herbe qu'on croirait taillée à un emporte-
pièce fantaisiste, le genet hérissé cachent
les pauvretés de ce sol.

L'homme qui étudie les bizarreries de
la nature en travail de production, doit
creuser avec volupté cet amas de science
austère enguirlandé de détails ravissants,
qui font comme de gracieux paraphes
autour d'un tableau lugubre. Mais à celui
qui voit sans les yeux de la poésie, quelle
morne tristesse inspirent ce silence que le
bruissement du vent dans les branches
revêt d'une couleur sinistre, ce ciel de
feuilles, cet horizon de bois, ce bourdon-
nement des insectes, et ces questions que
le merle ou le loriot semblent adresser en
sifflant, ces excavations, pleines d'eau va-
seuse, habitées par des crapauds à peau

perlée, noire et jaune; ces champignons de toutes couleurs cachant leur puissance vénéneuse sous une apparence bénigne, et ces bruits subits que les feuilles sèches rendent au passage des bêtes rampantes !

Les crimes imaginaires, surtout dans l'enfance du roman, ont aimé les forêts. C'est l'atmosphère du brigandage exercé sur une haute échelle. Le crime véritable, exploité comme industrie, y a aussi réellement élu domicile pendant longtemps. Sous l'empire, on traversait encore certaines forêts l'arme au poing. Nous n'osons affirmer que la forêt de Villandry n'était pas de ce nombre. Ses endroits principaux ont reçu des dénominations qui traînent des crimes après elles : l'un des chemins les plus larges qui la parcourent s'appelle la *route du Pendu* ; une chaumière bâtie à l'une de ses extrémités, la *Maison des Chauffeurs ;* et enfin, au milieu, une propriété close de murailles est connue au loin sous le nom de *Jambe-du-Mort*, parce que, à l'endroit qu'elle occupe, les traditions racontent que, pendant les guerres de la Ligue, une jambe de capitaine, irréprochablement bottée venait à minuit, se promener solitaire.

Cette propriété est une ancienne dépendance de la forêt communale. Des murs de douze pieds de haut la cernent en entier, même sur un des côtés arrosés par l'Indre, qui passe rapide comme cette barrière opposée à ses envahissements. Une large porte en chêne, garnie de gros clous, élevée entre deux pavillons est la seule entrée par laquelle on pénètre dans ce domaine ou plutôt dans cette partie de la forêt ; car, à l'exception d'une maison construite au centre, le sol est resté ce

qu'il était avant d'être renfermé dans une
ceinture de murailles. Le bâtiment du
centre est un rez-de-chaussée quadrilatère
avec cour intérieure. Au-dessous de cette
cour est une chambre souterraine conve-
nablement meublée, ainsi qu'on peut le
voir à travers un vitrage grillé de barres
de fer d'une solidité féroce. — Quelques
explications sont indispensables pour jus-
tifier l'originalité de cet immeuble. Le
marquis de Boutouzel, célèbre par les pro-
digalités qui l'ont complètement ruiné,
avait voulu, avant 1850, se réchauffer à
une contrefaçon des débauches royales du
siècle passé.

Il s'était créé un parc-aux-cerfs où une
Pompadour aux mains rouges, abusant de
sa crédulité, expliquait à quelques jeunes
danseuses de la Porte-Saint-Martin le rôle
de paysannes enlevées qu'elles devaient

jouer en pleurant devant lui. En l'honneur
de ces duperies, l'immoral marquis avait
acheté une portion de la forêt de Villandry, et s'était fait construire à son idée une
Folie, ainsi qu'il la nommait. Son criminel
cynisme n'atteignit aucune victime; la
Pompadour subalterne le trompa fort ha-
bilement jusqu'au jour où forcé de liqui-
der ce qu'il possédait afin de payer des
lettres de change menaçantes, il vendit à
M. le comte Césaire de Prémouran son
hôtel de Paris et sa folie de la Jambe-du-
Mort. Le comte n'avait pas changé ce nom
respectable à cause de son origine fantastique; il aimait cette solitude et y passait
un mois de l'année. Il songeait à venir
l'habiter définitivement lorsqu'il mourut.
— Son fils, Henri de Prémouran s'y ré-
veilla un beau jour condamné à une réclu-
sion perpétuelle.

La nuit où Reine Machu partait pour Londres avec Sulpice Jérusard, une grosse voiture dans laquelle le jeune comte dormait, sortit de l'hôtel de Prémouran, et vint se poser sur les rails du chemin de fer de Tours. Elle traversa cette dernière ville pour ne s'arrêter qu'au milieu de la forêt de Villandry, à la Jambe-du-Mort. Quand le comte ouvrit les yeux, après un sommeil de dix-huit heures, il fut longtemps à se croire éveillé. Il avait beau tourmenter sa cervelle, rien ne lui expliquait la métamorphose opérée autour de lui. Cherchant un cordon de sonnette pour appeler, sa main rencontre un mur glacé, nu.

— Marianne! s'écria-t-il, Bertrand!

Aucune voix ne répondit. Le comte était couché sur un lit singulier qu'il ne reconnaissait pas. Tout à coup, le premier instant de vertige passé, il se rappela avoir vu ces lieux quelques années auparavant.

— Je suis à la Jambe-du-Mort! dit-il. Voilà bien la bibliothèque de mon père et le mobilier inventé par le marquis de Boutouzel.

Il appela de nouveau et plus fort, le vent soufflant dans les corridors de la maison fit entendre un hurlement plaintif. Henri de Prémouran se leva et alla donner un grand coup de pied dans la porte. Elle était fermée, et si épaisse, qu'on eût dit qu'il avait frappé un mur.

— Serais-je devenu fou? se demandait-il. Quelque médecin obligeant m'aurait-il fait enfermer ici? Je ne me souviens de rien. Il me semble que Marianne m'a apporté ma potion hier soir dans ma chambre, à l'hôtel, et aujourd'hui je suis ici enfermé.

Depuis quatre ans peut-être le comte ne s'était autant appesanti sur une idée. L'ennui, ennemi cruel, qui d'ordinaire attendait son réveil pour se pendre à son cou, trouva la place prise ce jour-là. Impatienté de ne pouvoir percer le mystère au milieu duquel il se mouvait, Henri de Prémouran récitait depuis un instant une tirade de jurons que le démon dut écouter comme un agréable roulement de tambour. Quand il eut épuisé ce mode de consolation, il recommença à chercher, dans la nuit des suppositions, les fils de l'intrigue si lourdement nouée sur sa tête. Les couvertures du lit étaient celles sous lesquelles il s'était couché à son hôtel.

— On m'a enlevé pendant que je dormais, conclut-il. La potion que je prenais tous les soirs me causait des torpeurs invincibles ; on en aura profité pour me transporter ici. Mais pourquoi !

L'intelligence du comte se heurtait contre un immense point d'interrogation.

— Je ne comprends pas cette énigme diabolique. Ce ne peut être qu'un songe, et le mieux est de m'abandonner sans inquiétude aux derniers effets de l'opium. Les Orientaux, dit-on, se procurent de douces hallucinations au moyen de cette drogue : il est étonnant qu'elle me produise des effets contraires, car enfin ce n'est pas un songe gracieux celui que je fais.

S'étant de nouveau étendu sur le lit, Henri de Prémouran s'efforçait de se persuader qu'il rêvait. Mais ses yeux ouverts rencontraient des réalités trop palpables dans la chambre souterraine qui lui servait de prison.

Les murs, blanchis simplement à la colle, parodiaient l'ancienne épaisseur romaine. C'était de véritable pierre de taille qu'un entrepreneur de ponts n'eût pas dédaignée. Le zénith voûté laissait entrer le jour par une ouverture garnie de fer.

— Mon Dieu! s'écria-t-il, je ne rêve pas! Et saisissant une de ses pantouffles, il la jeta contre les vitres de la bibliothèque.

Le fracas qui suivit ce moment de colère, acheva de convaincre Henri de Prémouran. Il frappa la porte avec un fauteuil. Un guichet s'ouvrit.

— Que désire monsieur le comte? dit une voix.

— C'est la voix de Marianne Machu.... Réponds-moi, bonne femme : pourquoi suis-je ici?

— Pourquoi est-on dans sa tombe? répondit Marianne.

Et le guichet se referma.

A ces mots, le comte eut froid comme si on l'eût plongé dans un bain glacé. Jamais il n'avait aimé la vie autant qu'à cette heure, justement parce qu'il entendait parler de tombe et de mort, ou parce qu'il commençait à apprécier vaguement l'étrangeté sinistre de sa situation.

— Dois-je périr de faim! s'écria-t-il?

Le guichet se rouvrit.

— Voici votre nourriture, dit Marianne; empressez-vous de la recevoir, si vous ne voulez pas jeûner.

Au ton de cette créature, le comte craignit de lui voir effectuer sa menace. Il prit les mets grossiers qu'elle lui présentait, d'autant plus qu'il espérait tirer d'elle

au moins un éclaircissement sur sa position.

— Voyons, Marianne, dit-il de sa voix la
plus affable, au nom de l'amitié que vous
m'avez souvent témoignée, à moi, votre
maître...

— Je n'ai jamais eu d'amitié pour vous,
interrompit Marianne, et vous n'êtes pas
plus notre maître que nous ne sommes vos
serviteurs.

— Insolente!...

Marianne haussa les épaules en entendant cette qualification anodine.

— Vous avez le droit de vous dire tout
ce que vous voudrez, reprit-elle; mais, ici,
sachez que, si quelqu'un est maître, c'est
nous.

— Je vous chasserai, dit Henri de Prémouran.

Un éclat de rire effréné accueillit ces

paroles. Marianne se tenait les côtes.

— Qu'as-tu donc à piailler de la sorte? lui demanda une voix qui paraissait venir d'en haut.

— Le *pâlot* me dit qu'il me chassera, mon homme, répondit la Machu.

— Ne cause pas avec le pâlot, Reine nous l'a défendu.

Marianne referma le guichet. Cette conversation échangée entre Bertrand Machu et sa femme, le sarcastique sobriquet de *pâlot* par lequel on le nommait, soulevèrent un coin du rideau noir tendu sur le comte. Il se rappela le caractère de Reine, l'inconcevable déclaration d'amour qu'il avait repoussée avec tant de mépris. Était-ce sa vengeance qui s'assouvissait? Dans ce cas, comment en France, — pays éminemment civilisé, — pouvait-il se machiner impunément une séquestration semblable à celle qu'il subissait?

— Je n'ai qu'à attendre patiemment quelques jours, pensa le comte ; la police aura bientôt déjoué cette trame romanesque, et viendra elle-même me rendre la liberté.

Il ne s'était pas écoulé douze heures depuis qu'Henri de Prémouran se voyait emprisonné, et déjà, lui qui, à Paris, jouissant de tout, possédant tout, avait mené une vie de chrysalide, il éprouvait les angoisses d'une sarcelle encagée. Serait-il donc vrai qu'il est dans la nature de l'homme d'aimer toujours ce qu'il n'a pas, et le désir n'est-il pour lui qu'un défi jeté à l'impossible ! La solitude était insupportable au comte, parce qu'elle était imposée par une autre volonté que la sienne.

De force, il se résigna. Mais au bout d'un

mois, ne pouvant plus respirer dans cette cave, il essaya de s'évader. A minuit, il plaça des meubles les uns sur les autres, de façon à atteindre l'espèce de lucarne garnie de barres de fer. Mais au moment où il descellait une des vitres, la voix de Bertrand Machu envoya ces terribles paroles à ses oreilles :

— Si vous tentez de vous sauver, je vous mets du plomb dans la tête.

Et le comte entendit jouer la batterie d'une arme à feu.

II

Le Pâlot.

Le caractère de l'homme subit ordinairement les fluctuations de sa fortune. Fou-
quet devint un prisonnier très modeste,
après avoir été un magnifique contrôleur
général ; Louis XVI, au Temple, regardait
Cléry comme un ami, et non comme un
valet-de-chambre ; Napoléon, à Sainte-
Hélène, lançait des cailloux sur la mer, et

souriait à leurs ricochets; le comte Henri de Prémouran, attendant que la police le délivrât, changeait chaque jour un peu de sa vieille nature. Habitué à la richesse dès son enfance, élevé par son père dans une indifférence systématique pour tout, excepté le travail, ayant étendu cette apathie à tout, principalement au travail; dévoré par une paresse névralgique à l'âge où sa vie aurait dû se déployer forte et active, le comte, au sein de l'opulence, n'avait été qu'une marmote endormie sur de l'or. Maintenant, réduit à une existence forcément solitaire et plus que monastique, il commençait à apprécier les biens dont il n'avait pas fait usage quand cela lui était possible; mais cette appréciation prenait une couleur philosophique vraiment heureuse. Dans la bibliothèque laissée providentiellement à sa disposition, il trouva d'excellents livres, que son père n'avait peut-être jamais lus.

Ces livres ouvrirent à l'esprit de ce jeune homme un horizon nouveau. Ils lui révélèrent le royaume intellectuel, et l'initièrent aux croyances religieuses. Alors il découvrit que la créature humaine peut vivre autrement que par le corps, et que la partie matérielle de l'homme n'est qu'un champ livré à l'exploitation d'une âme. Il ne maudit plus sa prison; néanmoins il songea sérieusement à recouvrer sa liberté, car il avait soif de dépenser les trésors de sa nouvelle philosophie.

Rien autant que la captivité ne développe la science des conjectures chez l'homme. Henri de Prémouran était parvenu, en combinant ses observations, à découvrir une partie de la trame ourdie contre lui. Un seul point l'arrêtait dans ses argumentations : quel ressort magique avait fait mouvoir ses terribles ennemis afin de suppléer à sa disparition ? Comment cette propriété, qui était à lui, restait-elle exclusivement affectée à l'exploitation d'un crime inconcevable ? — Le comte se perdait dans un dédale d'hypothèses à ce sujet. Ses efforts d'imagination n'aboutissaient à construire aucune probabilité logique. Le hasard lui apprit la vérité.

Il entendait souvent causer les époux Machu dans la cour au-dessus de sa prison. Leur voix ne parvenait que vaguement jusqu'à lui au travers de la lucarne qu'ils évitaient attentivement. Après de minutieuses remarques, le comte découvrit que ses geôliers, Marianne et Bertrand, qu'il croyait seuls préposés à sa séquestration, s'asseyaient le soir quand le ciel

était beau contre l'une des murailles de la
cour, à un endroit où pouvait se trouver
un banc de pierre, ainsi que le lui disaient
de douteux souvenirs. En s'élevant à la
hauteur de la lucarne, il pouvait surprendre les conversations échangées en ces
moments de repos. Des meubles entassés
les uns sur les autres, comme lorsqu'il
essaya de s'évader, facilitèrent sa tentative. Un jour il entendit le dialogue suivant :

— Pourvu qu'elle soit heureuse, notre
fille, disait Marianne.

— Dam ! elle est ce qu'elle a voulu être,
répliquait Bertrand.

— J'aurais eu plaisir à l'entendre appeler : « Madame la comtesse. » Doit-elle
vous reluquer son monde !

— J'imagine que son mari ne la mène
pas, celle-là.

— Elle l'aime beaucoup.

— Ce n'est pas sûr.

— C'est ce qu'elle nous écrit, du moins.

— Tu n'as rien compris à sa lettre, pas plus que moi.

— C'est pourtant clair et net. J'aime le jeune homme que j'ai épousé, nous dit-elle, parce qu'il ressemble à celui que vous savez.

— Oui ; mais elle ajoute : « Je le hais aussi parfois à cause de cette ressemblance, et croiriez-vous qu'alors, lui découvrant tous les défauts de l'autre, il me prend des mouvements de rage que je ne puis maîtriser. »

— Mais, objectait Marianne, surprise de l'irrégularité morale qu'exprimait la lettre de sa fille, elle met donc l'amour et la haine dans le même sac ?

— Ce n'est pas surprenant, répondit

Bertrand Machu ; elle a tant aimé le pâlot qu'elle s'est passionnée pour sa ressemblance ; mais le pâlot a été si cruel envers elle, qu'en retrouvant ses traits, elle retrouve l'injure qu'il lui a faite.

— Est-ce qu'elle aurait à se plaindre de son mari ? grommela Marianne d'un ton menaçant.

— Ça ne serait pas bien étonnant. Cet homme s'est vendu à elle plus qu'il ne s'est donné ; il s'intéresse peu à son bonheur peut-être.

— L'ingrat ! il ne l'aimerait pas !...

— Oh ! il doit l'aimer, car il est impossible qu'on n'aime pas Reine ; mais il est naturellement inconstant, ce garçon. Il a été élevé au collège ; puis ouvrier, entrepreneur d'écritures ; maintenant...

— Maintenant, interrompit violemment Marianne, au lieu d'être le fils de Jérusard,

le pauvre cordonnier de la rue Geoffroy-
Lasnier, il est d'illustre famille; il est
comte et millionnaire. Il a de l'honneur et
de l'argent, et il doit tout à notre fille.
Aussi, s'il ne rampe à ses pieds pour lui
plaire, il se conduit comme un misérable !

Perché sur sa montagne de meubles,
Henri de Prémouran ne perdait pas une
syllabe de cet entretien.

— Ah ! il faudrait savoir, avant de le
blâmer, reprit Bertrand.

— C'est singulier qu'elle ne nous dise
presque rien de son mari dans sa lettre.
Elle ne parle que du pàlot. Elle nous re-
commande d'en avoir soin. L'aimerait-elle
encore ?

Un sorcier n'y verrait pas clair là-de-
dans.

— Malgré ses belles recommandations,

nous n'aurons de tranquillité que quand le pàlot sera mort.

— Il va peut-être s'amuser à vivre long-temps comme ça.

— Bah! il *se* périt! Avant six mois, tu verras que nous aurons à creuser un trou dans sa prison.

— Préviens-moi, dit Bertrand Machu, quand tu le verras prêt à tourner l'œil. Je veux lui apprendre la vérité avant qu'il meure.

— Tu lui diras comme c'est difficile de faire un comte de Prémouran.

— Je lui expliquerai comment nous nous sommes vengés de son mépris.

— Et, ajouta Marianne, ne manque pas alors de lui prouver que notre fille est comtesse.

— Je lui révèlerai tout, ce sera son dernier châtiment.

Pendant un instant, le comte n'entendit plus la voix des Machu. Ils dorlotaient sans doute leurs pensées de vengeance, et cette volupté les absorbait entièrement. Au moment où il allait quitter son poste d'observation, un bruit de pas très lourd, des chocs de sabots ferrés, lui annoncèrent l'arrivée d'un troisième personnage.

— Eh bien! Martin? dit Bertrand.

— Je m'embête, répondit une grosse voix.

Le comte reconnut son ancien cocher.

— N'as-tu pas tout ce qu'il faut à un homme? Reprit Bertrand.

— Oui, fit Martin avec tristesse, je n'ai plus de chevaux!

— Aussi n'as-tu qu'à manger, boire et dormir?

— Ça m'irait si j'avais mes chevaux.

— Nous n'en avions pas besoin ici, il a fallu les renvoyer à Paris.

— Il fallait me renvoyer avec eux. Moi je peux pas vivre sans ces bêtes, ce sont mes amis.

— Idiot! va, j'ai honte que tu sois mon frère!

— Achète-m'en deux autres ici, ça ne coûte pas cher, continua Martin d'un ton suppliant et pleureur. C'est mon unique société.

— Vous nous comptez donc pour rien, nous? prononça dédaigneusement Marianne.

— Je veux des chevaux, répéta Martin. Depuis que je n'en ai plus, je ne dors plus. Pourquoi ne me laissez-vous pas retourner à Paris? Reine me mettrait dans son écurie, et je serais content.

— Tu dois rester avec nous et t'accommoder de ton sort , dit Bertrand.

— Il n'y a pas de raison pour que ça finisse, cette existence-là... Me considère-t-on comme un sanglier, en me condamnant à vivre au milieu d'une forêt?

— Tu sais les motifs qui nous retiennent ici et qui y rendent ta présence nécessaire.

— Ah! je n'entends rien à vos manigances, répliqua brutalement l'inepte Martin, mais je sais que nous nous échinons le tempérament à garder un propre à rien, et que si vous aviez un peu de cœur, vous l'auriez bientôt... Enfin c'est dit!

— Ça te paraît simple, répliqua Bertrand d'un ton railleur : prendre mon fusil, et puis vlan !...

— Vous n'auriez plus à vous occuper de lui.

— Et si nous étions découverts, tu crois que la justice ne s'occuperait pas de nous.

On nous ôterait le mal de gorge pour toujours.

— Pardienne ! s'il parvenait_à s'échapper, vous auriez de mauvais comptes à
rendre aussi. Dans ce cas, on joue le tout
contre tout.

— Plutôt que de le laisser s'échapper,
je le tuerais comme un loup.

— Miséricorde ! dit Marianne, quel horrible grabuge, si, chose impossible, le
pâlot sortait de sa prison pour retourner
à Paris.

— Nous serions perdus ; et Reine ?

— Je la connais, hasarda Martin, toute
sa colère retomberait sur vous.

— Que deviendrions-nous, continua
Marianne, et que deviendrait-elle ?

— Dam ! moi je redeviendrais cocher,
dit Martin, et je n'en serais pas fâché.

Cet égoïste hippomane que les époux

Machu- avaient été forcés d'initier à leur terrible secret, ne se croyait nullement coupable des crimes auxquels il prenait une part plus ou moins active. Sa conscience peu timorée ne lui reprochait rien, sinon de s'être séparé de ses chevaux.

— Nous bavardons comme des pies, dit Bertrand ; ça m'a donné soif.

— Allons boire.

— Va tirer du vin, Marianne.

Le comte entendit de nouveau le bruit des sabots de Martin, puis plus rien. Il descendit du sommet de ses meubles. On lui aurait raconté jour par jour, heure par heure, les circonstances qui avaient motivé et précédé sa séquestration, qu'il n'aurait pas été mieux renseigné. Les moindres phases de ce drame, où il jouait le rôle intéressant de victime, se déroulaient devant lui avec une lucidité parfaite, et il devinait leur enchaînement comme on devine les détails cachés d'une machine.

Ses premières impressions furent empreintes d'une affliction profonde. La perversité de ces Machu, en qui son père et lui avaient une confiance aveugle, lui inspirait du dégoût pour l'humanité entière. Mais insensiblement ses émotions se dissipèrent et sa raison froide, libre, s'éleva au-dessus des passions. Il ne ressentit plus ni haine, ni colère contre les gens qui ne faisaient de sa vie qu'une question de Code pénal.

— Les malheureux ! pensait-il, ils sont à plaindre. L'esprit du mal a jeté sur eux des chaînes autrement hideuses que celles qu'ils font peser sur moi.

Certes ! on le voit par ces paroles : le comte commençait à regarder le monde

au travers d'une lunette philosophique.
Peut-être tout le mérite en revenait-il aux
livres qu'il feuilletait du matin au soir.
Qu'importe. — Son moral avait subi une
transformation si complète que tout-à-
coup, se rappelant la substitution opérée
par Reine, et l'ouvrier devenu si facilement comte de Prémouran, il ne put retenir un éclat de rire.

— Ah ! la superbe comédie, s'écria-t-il,
je veux la voir. C'est la mienne, Dieu me
permettra d'assister à sa représentation.
Il serait horrible de mourir entre ces murailles au moment où je me sens vivre.
Jusqu'à présent les jours étaient sans lumière à mes yeux, l'or sans prix, la vertu
sans valeur. Je n'avais pas d'âme, j'en ai
une maintenant, une qui veut connaître ce
monde grotesque au milieu duquel j'ai
failli passer sourd et aveugle. — Je ne suis

peut-être pas semblable aux autres hommes, l'amour ne mord pas sur l'acier de mon cœur, la gloire ne saurait émouvoir une fibre de mon cerveau, la science est un puits qui m'effraie, la richesse un hochet dont j'ai la main fatiguée. Il n'y avait qu'un désir grandiose et fort qui pût devenir un élément d'activité pour moi.

Ce désir est né au fond de mon âme dans les ténèbres de cette solitude: Oui j'ai senti s'éveiller en moi une soif de régénération! Je veux reprendre ma place au soleil pour être utile à l'humanité, pour recommencer une nouvelle existence !

Henri de Prémouran regardait autour de lui attentivement. Il mesurait la hauteur, l'épaisseur des murs, les proportions de l'édifice, son étendue. Refaisant le calcul qui blanchit les cheveux du baron de Trenck, tout à coup il murmura le fameux mot d'Archimède : j'ai trouvé ! — et il n'eût pas la fatuité de le dire en grec. La bibliothèque cachait une muraille ; après quelques tâtonnements il ouvrit la partie inférieure du meuble, écarta les livres, brisa une planche et posa le doigt sur le mur. Puis avec cette chaleur de volonté qui dût embraser la tête de Cervantes esclave :

— Je passerai par là ! dit-il.

Au point qu'il désignait, on aurait pu remarquer une fissure à peine assez large pour qu'une fourmi osât s'y hasarder.

III

La chasse à l'homme.

Le prisonnier se trompe rarement dans le choix de ses moyens d'évasion. En projetant de trouer le mur que masquait la bibliothèque, Henri de Prémouran s'était attaché à la seule pensée qui présentât des chances de réussite. Ce mur séparait sa prison d'une cave; des coups qu'il avait souvent entendu frapper sur des

barriques lui avaient révélé cette particu-
larité. Or, d'après les dispositions du bâtiment qu'il se représentait de mémoire,
la porte de cette cave devait ouvrir sur
l'une des faces extérieures de la maison,
et un vague souvenir lui montrait, pour y
descendre, un petit escalier tournant. Le
plan une fois arrêté, il se mit à chercher
les outils indispensables.

Les moindres ferrures du lit et de la bibliothèque se transformèrent en ciseaux et
en scie dont un ouvrier habile n'aurait
pas su se servir; mais Henri de Prémouran lui qui les inventait aurait entrepris de
creuser un puits dans un rocher avec ces
instruments simplifiés par son génie. Il ne
lui restait plus qu'à prendre de minutieuses précautions afin que rien ne trahît son
projet. Il n'enlevait la pierre que par frag-
ments : en un jour quelques onces. Le di-

van, crevé à dessein, s'engraissa de ces premiers débris, peu aptes à lui donner une souplesse flatteuse. Quand ce meuble, gonflé, eut assez plagié les repas de Saturne, ce fut au tour des fauteuils et de la bibliothèque. Le comte dissimulait ainsi ces déjets gros et petits ; il mouillait régulièrement le point que tourmentaient ses outils, afin qu'aucune poussière blanche ne s'élevât. Son travail ressemblait à celui d'un rat : un grattement éternel, c'était tout.

Quant aux Machu, geôliers sans aucune éducation spéciale, ils ne croyaient guère que le *pâlot* songeât à autre chose qu'à quitter une vie déjà trop longue. Jamais ils n'avaient osé entrer dans la prison où ils le retenaient, parce que, aussi lâches que cruels, ces gens savaient quelles forces effrayantes le désespoir peut donner.

Se confiant à la solidité des murailles, à l'inertie accoutumée de leur prisonnier, au peu de vigueur qu'ils lui supposaient, ils se livraient à un joyeux confortable et épuisaient la cave de manière à faire oublier à Martin qu'il n'avait plus de chevaux à aimer.

Marianne descendait chaque matin à la prison du comte ; elle frappait à la porte et ouvrait le guichet. Henri de Prémouran tendait une main tremblante et recevait ses vivres. Cela se faisait silencieusement, lentement, et la Machu répétait tous les jours en remontant vers son digne époux :

— Le pâlot se meurt.

Bertrand allait, lui aussi, regarder quelquefois au vitrage de la lucarne. Le comte, qui lui connaissait cette habitude, se promenait alors en se traînant. Persuadé que sa femme ne se trompait pas, le cruel gardien revenait en disant : C'est vrai !

Cependant jamais Henri de Prémouran ne s'était si bien porté. Le travail presque incessant que lui imposait le désir de recouvrer sa liberté ; les anxiétés dont il ne pouvait se défendre lorsqu'il réfléchissait à l'incertitude du succès de ses combinaisons ; souvent la voix des Machu qui arrivait à lui pleine de sarcasme et d'ironie, qui lui semblaient des allusions à ses projets de fuite déjoués d'avance, avaient dissipé les dernières traces de son apathie maladive. Cette existence à péripéties émouvantes renouvela son système physique, comme ses lectures avaient renouvelé son système moral.

A travers les angoisses que lui causaient parfois de chimériques appréhensions, il éprouvait le charme de la vie laborieuse. Il en résultait une chaleur si bienfaisante pour son organisation, que sa maigreur étique menaça de faire place à un commencement d'embonpoint.

Déjà son œuvre atteignait des proportions rassurantes ; le mur était creusé assez avant pour qu'il entendît couler le vin des barriques quand Marianne y venait puiser. Inutile de dire qu'en ces moments il suspendait son travail.

Enfin, l'instant décisif était arrivé. Le comte ne devait plus continuer son opération petit à petit comme il l'avait sagement conduite jusqu'à cette heure. Il fallait d'un dernier coup convertir l'entaille en un passage. Henri de Prémouran attendit la nuit pour tenter son évasion.

Depuis huit jours la pluie ne cessait de tomber. Le mois de mars signalait son apparition par un déluge. Les Machu abondamment pourvu de victuailles que

Bertrand allait chercher une fois par semaine à Villandry, narguaient le mauvais temps entre un foyer magnifiquement embrasé et une table d'allure homérique. Ils prolongeaient la veillée selon la mesure de leur gaîté ou de leur soif. Reine et sa fortune étaient les sujets de conversation ordinaire auxquels Martin ajoutait toujours quelques chevaux indispensables.

Or, la nuit était noire, le vent sifflait dans la forêt comme s'il eût essayé de déraciner les arbres ; des torrents de pluie battaient un roulement sinistre sur la toiture de la Jambe-du-Mort. C'était un de ces moments où la nature, prise de vertige, semble vouloir se détruire elle-même. La tempête poussait dans les airs ses rugissements d'alarme et de mort. — Les Machu buvaient. Le comte ouvrait le passage par lequel il devait fuir.

Ses prévisions étaient justes. La cave se trouvait au niveau de sa prison. Un dernier effort adroitement combiné lui créa une issue suffisante. Avant de s'élancer hors de ce cachot, que Marianne lui avait dit être sa tombe, il prit les petits objets de valeur qu'on avait laissés à sa disposition par inadvertance : une montre, une épingle de chemise et une bague. Puis il se courba afin de se glisser dans son trou. Mais une mélodie affreuse, qui se mêlait au vacarme de la tempête, vint un instant émousser son courage. — Les Machu chantaient.

Henri de Prémouran écouta ce concert odieux. On aurait dit que le génie du hideux se prêtait aux étrangetés qui coloraient d'horreur cette heure solennelle.

— Chantez, enfants de Caïn, s'écria-t-il, chantez vos crimes et votre malédiction.

J'irais m'asseoir comme un spectre à votre table d'orgie, si je n'avais l'insurmontable désir d'aller voir la grande comédie que vos complices jouent pour moi.

Le comte s'aventura dans l'ouverture si péniblement créée ; il s'écorcha les bras et la tête ; il passa.

L'obscurité la plus intense régnait autour de lui. Il était dans la cave, son pied heurtait les barriques, ses mains rencontraient les murs visqueux et suintants. Il cherchait la porte, partout et toujours c'étaient des barriques ou des murs.

Immobile, écoutant les hurlements du vent qui ne lui apportait plus la voix des Machu, il essayait de s'orienter au milieu de ces ténèbres. — Enfin, il sentit la porte sous ses doigts, mais elle était fermée.

— Je la briserai, dit-il, en enfonçant ses

ongles entre la pierre de l'encadrement et le bois.

La porte ne bougeait pas. C'était du chêne à ébrécher une hache.

— Oh! c'est désespérant! murmurait-il; avoir percé une muraille énorme et être arrêté par ces planches. Non, je veux que cette porte s'ouvre. — Elle s'ouvrira!

— Porte maudite, s'écria-t-il, ouvre-toi!

De nouveau il déchira ses mains contre cette barrière imprévue; elle céda. — Mais alors il se trouva tout-à-coup en présence de Marianne qui, des bouteilles sous les bras, une lanterne au poing, recula devant lui en poussant un cri de damnée. — Il n'avait pu éviter cette rencontre. Le bruit que Marianne avait dû faire en tournant la clef, le flot de lumière entré dans la cave avec l'air du dehors pouvaient le prévenir,

mais où se cacher, comment se soustraire
à la fatalité qui le mettait en face de cette
ennemie? — Profitant de sa terreur, Henri
de Prémouran la saisit violemment et la
jeta de côté afin de passer.

Il gravissait le petit escalier tournant,
lorsqu'il sentit comme un poids de cent
livres attaché à l'un des pans de son habit.
c'était Marianne qui, ayant laissé tomber
ses bouteilles et sa lanterne, l'avait saisi
par son vêtement. En un suprême effort, le comte rompit cette dernière
chaîne et abandonna le pan à cette
femme, puis il se précipita vers la forêt.
Hélas! il ne voyait pas plus clair dans la
forêt que dans la cave. Il se heurtait aux
arbres comme il s'était heurté aux barriques, et il entendait Marianne qui rugis-
sait en appelant au secours...

Martin et Bertrand buvaient et chantaient — lorsque la Machu leur apparut livide, écumante, un pan d'habit à la main en place des bouteilles qu'ils attendaient.

— A moi! s'écria-t-elle.

— Qu'est-ce donc? firent les deux frères effrayés.

— Il s'est sauvé!

— Qui?

— Lui, le *pâlot!* Il a crevé le mur!

— Nous sommes perdus! hurla Bertrand.

— Il est dans la forêt... Courez!

Bertrand sauta sur un fusil, et présenta des pistolets à Martin.

— Femme! s'écria-t-il, ce que tu dis est-il vrai, au moins?

— Je l'ai vu... il m'a sauté à la gorge quand j'ai ouvert la cave.

— Il faut que nous le trouvions. Viens, Martin!

Animé par le vin et par la colère, Bertrand Machu était épouvantable à voir. Les veines de son cou et de son front se détachaient en relief verdâtre sur sa coloration sanguinolente. Martin, beaucoup moins agité, achevait de vider son verre avant de s'emparer des pistolets que lui offrait son frère.

— Femme, prends-une lanterne et éclaire-moi.

Tous trois sortirent et se dirigèrent vers la cave. — Le vent soufflait toujours, la pluie ne tombait plus.

— Nous le trouverons ! disait Bertrand ; laissez-moi seulement voir la trace de ses pas.

Le sol, naturellement mou, et en outre détrempé par l'eau du ciel, reproduisait effectivement les empreintes des pieds du comte. Un sourire féroce crispa les lèvres des Machu, lorsque, comme des bassets de bonne race, ils se furent collés à la voie... Ces trois êtres, courbés vers la terre, marchant à la file l'un de l'autre, éclairés par la lueur rougeâtre de la lanterne, ressemblaient à des esprits infernaux se rendant au sabbat du Hartz.

Épuisé, essoufflé le comte s'était adossé à un arbre afin de reprendre ses forces. De loin, il vit cette meute qui arrivait à lui. Il voulut fuir alors, — mais toujours les ténèbres l'enveloppaient. La lanterne de Marianne éclairait à peine. Elle prévenait le comte; et à tâtons, contournant les troncs énormes qui à chaque instant s'opposaient à son passage, il s'éloignait des Machu au fur et à mesure qu'ils avançaient.

— Malédiction ! s'écria Bertrand, le pâlot se sert de notre lanterne comme nous.

Marianne s'approcha de son mari.

— Je le sais, lui dit-elle à voix basse, mais en le poussant dans cette direction, sais-tu où il va ?

— Dans la rivière...

— L'eau est très-haute, elle rase le mur. Il voudra l'escalader... comprends-tu ?

— Il se noiera.

— Chut !

Ils continuèrent leur marche. Déjà ils crurent entendre craquer les branches sous les pieds du comte.

— Si vous tenez à la vie, vociféra Bertrand, arrêtez, monsieur !

Aucune voix humaine ne répondit.

Machu, obligé de chercher les traces d'Henri, se relevait par moments, regardait devant lui en frôlant de l'index la détente de son fusil, mais il ne voyait que des

arbres échelonnés sur la masse de l'obscurité.

Peu d'hommes, dans la situation où était
le comte, auraient conservé la plénitude
de leurs facultés. Lui, plus que jamais guéri
du spleen, éprouvait des sensations
inouïes, mais il jugeait bien et jouait encore
froidement ses chances de salut.

Tout-à-coup il vit beaucoup plus clair
dans la forêt. Il était auprès d'un mur, et
de l'autre côté de ce mur il n'y avait pas
d'arbres. Comme un chat poursuivi, le
comte s'élança sur cet obstacle, qui lui parut être le dernier.

— Tire donc! tire donc! s'écria Marianne. Est-ce que tu ne vois pas le pâlot
sur le mur.

Bertrand visa le comte. — Un coup de
feu fit retentir les échos de la forêt.

— Il est tombé dans la rivière, dit Martin.

— Je l'ai atteint, j'en suis sûr, grommela Bertrand.

Il n'y avait plus de comte ni sous les arbres ni sur le mur. Les Machu se hissèrent pour voir s'il surnageait. Ils aperçurent l'eau qui coulait et tournoyait silencieusement.

— Va-t'en femme ; emporte ta lanterne, par prudence. Martin et moi, nous allons demeurer ici jusqu'au jour.

— Es-tu sûr, au moins, de l'avoir tué ?

— N'aie aucune inquiétude, je vise juste.

Marianne leva les yeux au ciel.

— Que va dire notre fille, grand Dieu !

— Il ne faut pas qu'elle sache ce malheur, répondit Bertrand ; nous n'avons qu'à ne pas le lui apprendre.

Quand les deux frères furent seuls, l'ancien cocher se frotta les mains joyeusement.

— Je vais donc pouvoir retourner à Paris, dit-il.

— Imbécille! répliqua Bertrand, rien n'est changé à notre position. Nous allons écrire à Reine que le pâlot se porte bien.

— C'est donc à dire que je dois mourir ici, triste, sans aucune consolation.

Bertrand demeura plongé dans une méditation sombre qu'il n'interrompit que pour murmurer les paroles suivantes :

— Le courant va emporter le cadavre, j'aurais bien désiré le voir, cependant...

IV

Riche !

La révolution de février venait de tomber sur la France et de briser une cou-
ronne, la troisième depuis soixante ans.
Un roi s'était sauvé avec une blouse du
peuple; on avait bu son vin, et le soir
même la République avait été proclamée
sur un balcon. Les choses s'étaient passées
aussi lestement que cela. Ce fut alors que

le pauvre monde, qui n'avait pas eu le
temps de repaver ses rues, assista au curieux tableau de l'escalade du pouvoir par
des libraires et des pharmaciens mêlés à
quelques gens de cœur. Nos neveux, —
style de Clio, — refuseront sans doute de
croire à ces aventures, tant elles paraî-
tront empreintes d'invraisemblance et de
goguenardise. Mais comme nous n'avons
d'autre ambition que celle d'être lu seulement par quelques-uns de nos contempo-
rains, on ne confondra pas ces quelques
lignes d'histoire avec les autres épisodes
de notre roman.

Une plume spéciale racontera certainement un jour ces folies sérieuses, — qui
devaient quelques mois plus tard devenir
terribles, — ces saturnales politiques où
tout le monde mettait le doigt au gouvernement; ces grands effets nés de ces im-

perceptibles causes ; toute cette accumulation d'évènements étranges, absurdes et sublimes, à une époque où l'impossible était devenu le possible, et où il n'y avait plus qu'un seul gouvernement en France : Hasard 1er.

Ah ! la belle ivresse ! et comme chacun se dépêchait alors de planter son arbre de la liberté ! Les ecclésiastiques ne savaient plus où donner de la tête et du goupillon ; tantôt c'étaient des dames de l'Opéra qui les envoyaient chercher, tantôt des dames de la halle et de la rue Saint-Marc-Feydeau ! La belle débauche de *Marseillaise* et de gilets à revers ! Les belles farces en chapeau pointu ! Et comme les peintres d'enseignes gagnèrent de l'argent à inscrire l'*égalité* et la *fraternité* au front des édifices, — en lettres bâtardes.

Vint alors l'éclosion de ces systèmes

longtemps contenus par leurs prétendus inventeurs. Fourier reparut avec ses aperçus grandioses et vertigineux, utopiste à la manière de Martinns, le peintre des énormités babyloniennes. Un ancien procureur-général dénicha un nouvel Eldorado dont il fit la description sans y avoir jamais été, et où il envoya quelques milliers d'individus sans les y suivre. Un autre non moins bizarre, et pas plus convaincu, s'avisa de mettre à l'index Dieu, la propriété et la famille.

On revit l'abbé Châtel, primat des Gaules, à la tête de ses ouailles. Robert Owen essaya d'un voyage à Paris, et s'en revint comme il était venu. Les plus sages étaient encore les socialistes et les communistes ; après eux, mais tout-à-fait en bas, venaient les timides et les timorés, ceux qu'on appelait *républicains rouges*, petites gens à cervelet étroit, qui se contentaient tout simplement de peu de choses, telles que de l'impôt forcé et du rétablissement d'un joujou à bascule sur la place de la Concorde.

Pendant trois mois il y eut par les rues orgie de couleurs tricolores. Et comme toute révolution doit avoir son hymne caractéristique, il se trouva un poète qui composa, en l'honneur de la révolution de février, une chanson qui n'avait qu'un couplet, lequel couplet n'avait qu'un mot : *Des lampions!* Mais le public aimait cette note, et il ne s'en lassa point. Bientôt des clubs s'ouvrirent à tous les coins de rue. Après les clubs ce furent les banquets, et il n'y eut pas assez de nappes pour y suffire. De leur côté, les ouvriers prirent un petit jeune homme qu'ils enfermèrent au Luxembourg, et après avoir posé des sen-

tinelles à toutes les portes, ils lui dirent :
Vous ne sortirez pas de là que vous ne nous
ayez organisé le travail. — Le petit jeune
homme ne demandait qu'à rester. Il
resta.

Il y avait aussi une poignée de braves
gens qui, le lendemain de la révolution,
s'étaient emparés du palais des Tuileries,
et qui n'en voulaient plus sortir. Ils avaient
fermé les grilles, donné un tour de clé, et ils
vivaient les coudes sur la table ou le nez à
la fenêtre. Tous les matins, un d'entre eux
élu sommelier, descendait à la cave et en
remontait du Laffitte ou du Chambertin ;
un autre allait aux provisions. Ce fut de
la sorte qu'ils mangèrent tous les petits
poissons rouges des bassins ; un autre jour
ils firent rôtir les cygnes. Quand venait le
soir, ils jouaient le piquet ou l'impériale
dans la salle des Maréchaux, et, sur la poin-

te de minuit, ils allaient se coucher dans le lit des princesses.

Cette douce existence dura plusieurs jours. Lorsqu'il s'agit de les renvoyer, le gouvernement d'alors fut obligé d'user de plénipotentiaires et de parlementer. Ces sybarites de la démocratie consentaient à abandonner *leur* palais moyennant douze cents francs de rente pour chacun. Ils ne cédèrent qu'à la menace du canon, et ils s'en allèrent fièrement en criant : — vive la République !

En entendant crouler la monarchie de 1850, Sulpice Jérusard avait jeté un regard d'espérance sur le cataclysme qui semblait devoir dissoudre le passé, mais les lois restèrent à peu de choses près ce qu'elles étaient auparavant.

Cependant la vie intérieure de l'ancien mouleur en horlogerie était devenue un

véritable enfer, un enfer calme ; car les
démons qui l'entouraient mettaient des tapis sous ses pieds. Aimant Henriette avec
toute la force d'un premier amour, il ne
trouvait qu'amertume et désespoir hors
de cette délicieuse affection. Son caractère
avait subi, sans qu'il s'en aperçut, tous les
endurcissements de la richesse. L'égoïsme
inspirait ses moindres actions, son amour
même en était empreint, malgré un semblant de sincérité. Obsédé par l'étrange
police que sa femme attachait à ses talons,
il avait pendant longtemps renoncé à sortir de l'hôtel. Son appartement et le jardin
étaient sa résidence favorite. Ce fut alors
que, dans ses puérils voyages par la fenêtre, il vint à découvrir le pensionnat
d'Henriette.

Pour communiquer avec cette rêveuse
jeune fille, il déploya l'imagination et la

patience qu'on a vues. Puis quand, à l'insu de tout le monde, il eut noué cette âme à la sienne, quand il vit cette existence attachée à son existence d'une manière indissoluble, le ciel lui sembla s'être ouvert et lui avoir envoyé une de ses créatures comme un gage de miséricorde. Et cependant, cet enluminage menteur détruit, qu'avait-il fait en réalité? Il venait de prendre la liberté d'une jeune fille et de la sacrifier à ses avidités morales. Enchaîné à Reine Machu, il ne pouvait donner que malheur à Henriette en échange de son amour. Elle lui avait dit : « Je suis la fille d'un ouvrier; il y a entre nous un abîme ! » Et ce cri de faiblesse qui aurait dû lui briser le cœur, éteindre sa passion sous la pitié ne l'arrêta pas.

Son amour lui promettait une volupté, il s'en saisit comme le lion de sa proie ; et, au risque de déshonorer sa victime, il avait osé la poursuivre jusque dans la maison de son père. — N'était-ce pas de l'égoïsme ? Ah ! si un amour se légitimait par sa grandeur et sa force, nous n'aurions pas reproché à Sulpice le terrible avenir qu'il préparait à Henriette ; mais précisément parce qu'il aimait pour la première fois, parce que jamais il n'aimerait ainsi, devait-il froidement prendre la main de cette enfant pour l'entraîner au fond du précipice qu'il s'était creusé pour devenir riche.

Riche ! riche ! Voilà le grand mot des gens à demi-éducation, à demi-courage et à demi-paresse, — des gens à demi-qualités et à demi-défauts. Si j'étais riche ! tout est là dedans pour eux.

Et comme ils ne sont pas riches, ils n'ont ni vertu, ni force, ni conscience. Comme ils ne sont pas riches, ils se croient

dispensés de tout devoir envers la société.
Dans leur imagination, tout homme qui
naît ambitieux doit naître riche, de même
que tout homme qui naît avec des dents
doit naître avec du pain. Ils accusent le
ciel de chacun de leurs vices, et dès que
par leur faute ils voient couler leur sang,
ils s'empressent d'en jeter une poignée à la
face de Dieu comme Julien-l'aspostat.

— Si j'étais riche ! s'était écrié Sulpice
Jérusard.

Alors il n'avait pas un sou vaillant sur
lui ; alors la misère appuyait son genou de
marbre sur sa poitrine, alors il pleurait et
il enviait. Sinistre et pâle, collé pendant
de longues heures, le long d'un mur d'hôtel, les nuits de bal il regardait entrer et
sortir les femmes vêtues de lumière et de
parfums, avec de vagues pensées d'assas-
sinat. S'il passait le jour sur le boulevard ,

tout contre un jeune homme vêtu avec dis-
tinction, c'était souvent pour le salir du
choc brutal et prémédité de son coude
graisseux. Ah! la sombre rage de Sulpice
Jérusard, on la retrouve encore au cœur de
bien des ouvriers!

Si j'étais riche! s'était-il dit, ma splendeur ne serait que le rayonnement du bien;
l'aumône ruissellerait dans mes mains, et
mon front serait fier parce que mon cœur
serait pur.

Si j'étais riche, je casserais ma richesse
en mille petits morceaux flamboyants dont
j'illuminerais greniers et chaumières. Il y
en aurait pour tous les hommes qui luttent
courageusement et qui se battent contre
leur destinée; il y en aurait pour l'ouvrier
qui lutte contre sa chaîne, pour l'artiste
qui lutte contre sa faim, pour la femme qui
lutte contre son honneur!

Si j'étais riche,—je ne serais pas orgueil-
leux ; je n'ai de l'orgueil que parce que je
n'ai pas le droit d'en avoir. On me verrait
doux et humble alors, doux, parce que je
serais fort ; humble, parce que je serais
grand ! Et je voudrais sécher autant de larmes que j'en ai versées !

Ainsi parlait l'ouvrier mouleur.

Or, la plus grande leçon que Dieu pût
infliger à cet homme, c'était justement de
donner à boire à son désir, — c'était de
le faire riche !

Non pas riche comme le premier rentier venu, qui jette de temps en temps un
sou par la fenêtre aux musiciens, mais riche à millions, riche comme un banquier
de Francfort.

Sulpice Jérusard devint riche. On sait
comment. Un beau jour il entra de plain-
pied dans son rêve. Un beau jour il se

trouva face à face avec une fortune colossale et qui était la sienne, face à face avec un pouvoir immense et qui était le sien. L'or, son ennemi intime, était devenu tout à coup son plus intime ami ; et il remuait ses coffres avec tant de frénésie amoureuse qu'il lui en restait des étincelles aux mains.

Mais que fit-il de sa richesse ?

D'abord il n'en fit rien.

Ensuite il en fit des vices.

Il pouvait expier son crime par la charité, il l'agrandit par l'égoïsme. Il eut tout ce qu'il avait désiré, des voitures féeriques, des habits opulents, une table somptueuse, des chevaux et la loge obligée aux Italiens. — Mais les pauvres continuèrent à ne pas manger leur content, souvent même à ne pas manger du tout. — Dans l'oisiveté, ses mains blanchirent et son teint se satina. — Mais les mains des pauvres continuèrent à

demeurer rouges et à se tendre inutile-
ment vers lui.

Il pouvait s'employer avec énergie au
service des idées généreuses, aider dans
leurs œuvres les hommes d'intelligence,
Reine Machu n'avait pu s'opposer à ce qu'il
favorisât le travail de la tête et le travail
des bras : il n'en fit rien. — Qu'un plan de
réforme salutaire vînt à lui être soumis, il
l'examinait à peine ou bien il le traitait
d'utopie. Qu'un beau livre chrétien arrivât jusqu'à sa nonchalance, il le mettait
dans sa bibliothèque sans l'avoir lu. S'a-
gissait-il d'une souscription philantropi-
que basée sur une grande échelle, il répondait un : *Nous verrons!* le grand mot de
ceux qui ne veulent pas voir.

Il pouvait, se souvenant de ses misères
anciennes, rendre la domesticité moins
pesante à ceux qui le servaient. Mais du

jour au lendemain il était devenu plus bravache et plus exigeant que n'importe quel marquis de théâtre, traitant les valets de marauds et de bélitres. On eût dit qu'il voulait s'apercevoir de sa fortune par le mal qu'il faisait autour de lui — semblable à un insensé qui pincerait les autres pour s'assurer qu'il ne dort pas.

Il pouvait se mettre à la recherche des souffrances ignorées, apprendre le chemin de l'hôpital, arrêter les innocences au bord du vice. Il se contenta, alors qu'il ne savait comment tuer le temps, de monter sur un mur pour séduire une pensionnaire, et comme elle lui dit : je suis la fille d'un ouvrier, il ôta ses gants et trouva plaisant de se faire passer pour un pauvre diable. — Voilà ce qu'il avait trouvé de mieux, en fait d'occupation, depuis qu'il était millionnaire et depuis qu'il était comte.

Et tout cela arrivait sans qu'il s'en aperçut, naturellement, comme si c'eût été
une conséquence simple de la fortune, —
comme si Dieu n'eût créé qu'un seul moule
à riche, où il eût versé la paresse, l'indifférence et la débauche, — et qu'on ne pût
pas être autrement dès qu'on était comte
et millionnaire.

Ce n'était pas pourtant un méchant
homme que Sulpice, il y avait même du
bon dans sa nature. Seulement la richesse
l'avait pris à la gorge, et, du coup, l'avait
presque étouffé. Même après un an, il n'é-
tait pas bien remis de son émotion. C'é-
tait un rêve qu'il faisait, et avant d'en faire
jouir les autres, il se hâtait d'en jouir lui-
même.

Peut-être aussi nous dira-t-on que Sulpice Jérusard n'est qu'une exception malheureuse, et qu'un autre ouvrier, pur de

tout crime et placé dans une telle position de fortune, se fût conduit différemment et noblement. C'est possible. Mais nous ne le croyons pas.

La richesse exige un apprentissage comme tous les arts élevés. Il est rare qu'on devienne tout à coup puissant et bon. Une bouteille de champagne grise inévitablement quiconque n'a jamais bu que de l'eau dans sa vie. Tout pouvoir brûle à tenir dans le creux de la main, comme un charbon ardent.

Sulpice n'avait pas appris à être riche, car il aurait alors appris à être heureux. En cela le secret de toute société est bien simple, et on le croira facilement. Le bonheur du pauvre consiste à s'élever, le bonheur du riche consiste à descendre. Dès-lors on voit la limite où peuvent se rencontrer leurs deux mains.

Nous ne cherchons pas à ciseler des pa-
radoxes. — Mais depuis longtemps il nous
semble que la solution du problème so-
cial n'est pas tout entière dans l'éducation
des pauvres ; elle serait plutôt, selon nous,
dans l'éducation des riches. Il ne manque
pas d'ouvrages où l'on apprend à vivre, il
faut maintenant des ouvrages où l'on ap-
prenne à faire vivre.

La richesse doit être regardée comme
un sacerdoce. Les riches président à l'ordre matériel, de même que les prêtres à
l'ordre spirituel. Seulement les riches at-
tendent encore leur Évangile. Toute la différence est là.

V

Tête-à-tête.

Neuf heures sonnaient. La nuit était noire. Sulpice longeait à pied la petite rue mal éclairée qui conduit à l'hôtel de Prémouran. Il rentrait. Sa main se posait sur le marteau de la porte, lorsqu'un homme s'élança vers lui :

— Monsieur le comte, dit cet homme, si vous n'êtes pas sans pitié pour le dernier ami de votre père, ordonnez qu'on me re

çoive à votre hôtel demain, quand je vien-
drai à l'heure qu'il vous plaira. J'ai à vous
parler, monsieur le comte ; vous verrez
comment on me traite, à votre insu, j'en
suis sûr.

Sulpice remarquait le visage honnête de
cet homme. Il allait lui demander son
nom, lorsqu'il pensa que cette question,
adressée à un ancien ami de famille, que
M. Henri de Prémouran devait connaître,
eût été au moins singulière.

— Je donnerai des ordres, dit-il.

— Mais, monsieur le comte, permettez-
moi de vous le dire : je crois que vos gens
agissent contre votre volonté, car vous ne
leur aviez pas défendu de me recevoir,
n'est-ce pas ? Depuis deux mois, il n'est
pas de chose que je n'ai faite pour parvenir
jusqu'à vous, Je vous ai écrit, je suis venu

ici supplier vos valets, on m'a toujours éconduit.

— Revenez demain à midi, murmura Sulpice, et il rentra ; car il ne savait que répondre. Il fallait qu'il s'informât auprès de Reine, pour savoir ce que signifiaient de telles insistances.

Il se dirigea vers son appartement, celui que le comte Marcus-Henri de Prémouran occupait autrefois, enrichi de quelques innovations luxueuses, mais meublé comme auparavant. Une mélancolique joie intérieure débordait en un sourire imperceptible sur les lèvres de Sulpice. Certes, la rencontre qu'il venait de faire n'était pour rien dans ce mystérieux épanouissement.

— Mon Dieu ! dit-il en se jetant sur un fauteuil, si je n'avais pas cet amour, je n'aurais rien ici-bas ! Pauvre jeune fille, tu m'aimes, toi ! et il déployait une lettre qu'il avait lue déjà une fois au moins.

Une porte s'ouvrit violemment, Reine Machu entra. La toilette de Reine avait quelque chose de théâtral et qui s'harmoniait avec sa figure pâle, cruelle. Une robe de velours noir, arrêtée aux poignets par des bracelets de corail, lui donnait un aspect lugubre. Ses mains, gantées de jaune clair, demeuraient habituellement crochues. Elle était coiffée aussi amplement que le lui permettaient ses cheveux crépus : deux bandeaux, qu'il aurait fallu goudronner si on avait voulu les maintenir en parfaite symétrie, élargissaient l'ovale de sa tête, contournaient ses oreilles de façon à n'en laisser paraître que l'extrémité inférieure, chargée d'une grappe de diamants, et s'allaient perdre au câble d'un chignon enrichi de perles fines. A ces ornements de sa laideur, la soi-di-

disant comtesse joignait la coquetterie de
la chaussure. Elle cachait ses pieds, très
peu comparables à ceux d'une enfant, sous
les grâces orientales de babouches en drap
bleu brodé d'argent. Inutile de dire à ceux
qui se rappellent sa taille élevée que Reine
aimait la chaussure sans talon.

Ce n'était pas seulement à ses parures
qu'elle consacrait ses idées de splendeur.
Son appartement, séparé de celui de Sulpice par un large corridor à parois revê-
tus de stucs variés à l'infini, révélait l'or-
gueilleuse manie des gens enrichis par le
hasard, qui, en colorant leur intérieur d'un
majestueux semblant d'antiquité, croient
ennoblir leur passé vulgaire. Reine s'é-
tait meublée à la Louis XV ; elle avait voulu vivre dans une atmosphère de comtesse,
ainsi que l'attestaient des lambris cou-
verts d'une nuance de soufre tendre et lilas

frais ; des parquets de marqueterie mêlée
de bois d'amaranthe et de cèdre ; des mar-
bres bleu turquin, des bronzes de Cafieri
placés sur des tables en consoles ; un lit
d'étoffe de Pékin jonquille recouvert d'une
mousseline des Indes brodée et ornée de
glands en chaînette, enfermé dans une ni-
che ; des ottomanes en bois de roses en-
guirlandées de crépines d'or, des laques
de Chine, des girandoles en cristal de ro-
che, des porcelaines de Saxe et du Japon,
des corbeilles en filigranes d'or, remplies
de fleurs d'Italie.

Reine aimait tout ce qui fascine et brille ;
pour elle la fortune sans faste était le jour
sans soleil. Ses valets nombreux, dressés
par elle comme des singes par un mon-
treur, portaient livrée orange. Le malheureux Sulpice en éprouvait des commence-
ments d'ophthalmie. Quand il demandait

un verre d'eau, c'était un de ces êtres
aveuglants qui le lui apportait. Il en fit
l'observation à Reine; elle lui répondit
sèchement que, s'il n'avait pas le goût du
beau, elle en était fâchée, mais qu'elle ne
changerait rien aux couleurs de la noble
maison de Prémouran.

Cette laide contrefaçon de comtesse
s'était avancée lentement vers Sulpice.
Elle s'arrêta devant lui.

— Un homme vous a parlé, s'écria-
t-elle, au moment où vous rentriez. Que
vous a-t-il dit?

— C'est étrange, que vous sachiez ainsi
les choses les plus insignifiantes qui m'arrivent, murmura Sulpice. J'avais justement l'intention de vous entretenir au sujet de cette futilité, mais je ne croyais pas
que vous en fussiez informée déjà.

— Vous traitez de futile un évènement

sérieux, et en blâmant les mesures que je juge convenable de prendre pour notre sécurité commune, vous oubliez la juste méfiance que votre conduite m'inspire. Veuillez me répéter les paroles de cet homme.

Sulpice raconta en peu de mots les supplications qui lui avaient été faites à la porte de l'hôtel.

— Ce personnage, reprit Reine, se nomme François Durousseau. Vous ne le recevrez pas plus demain que les autres jours. Il suffirait qu'il vous parlât une seconde fois pour qu'il s'aperçût que vous n'êtes pas le véritable Henri de Prémouran. Il l'a connu enfant, vous comprenez maintenant l'importance des explications que je vous donne.

— Mon Dieu, dit Sulpice, je n'avais pas l'intention de le recevoir.

— Il se pourrait, continua Reine, qu'il vous attendît de nouveau comme cela lui a réussi ce soir. Je vous engage donc, afin d'éviter ses importunités, à ne pas sortir à pied. C'est une imprudence que vous commettez souvent.

— J'y songerai, madame.

— En tout cas, vous pouvez repousser froidement ce Durousseau, et lui répondre : « Cela ne me regarde pas. » Sous peu de jours vous ne serez plus exposé à le rencontrer. Je ne veux pas qu'il reste à Paris. Et dussé-je employer les ressorts que je sais faire mouvoir, quand on m'y contraint, je l'enverrai loin de cette ville.

Les yeux de Reine jetaient une lueur de sauvage énergie. Son geste brutal, son sourire exprimaient sa haine contre Durousseau.

— Quand on pense, s'écria-t-elle, que

ce misérable a osé, un jour, écrire au comte que sous l'apparence du dévouement il n'y avait que cupidité autour de lui. C'est mon père, c'est moi qu'il accusait! le niais!

— Madame, interrompit Sulpice, épargnez-moi ces déclamations qui me semblent inutiles.

— Oh! que de choses vous semblent inutiles à vous! Cependant il faut que vous sachiez que je fais poursuivre en votre nom ce François Durousseau.

— En mon nom!

— Oui, comte. Un huissier est chargé du recouvrement d'une créance de dix mille francs qui vous sont dus par ce vieillard.

— Mais, s'écria Sulpice, faites tout cela sans me prévenir, madame; vous voyez bien que je n'ai pas la force d'enfermer en mon cœur les remords qui ne sont rien pour vous.

— Des remords ! répéta Reine.

— Et n'est-ce pas horrible, continua-t-il, qu'il me faille ainsi provoquer la ruine de ce Durousseau , d'un honnête homme peut-être ! Pourquoi me parlez-vous de lui ? Pourquoi m'expliquez-vous tout cela ? Maintenant je me souviens de sa tristesse, de sa voix navrante , et je suis capable demain lorsqu'il viendra...

Reine saisit la main de Sulpice et la lui étreignit.

-- Que dites-vous? Vous vous attendrissez...

— Ah ! j'ai tort ! répliqua-t-il, en levant les yeux au ciel.

— Est-ce que vous oseriez vous opposer à mes volontés ? Est-ce que vous vous croyez le droit d'en agir à votre guise ?

— Oh! non, non, madame; je sais que je ne dois avoir de pitié pour personne. Que m'importent, d'ailleurs, les maux et les douleurs des autres, à moi qui suis le plus malheureux des hommes?

La seule présence de Reine suffisait ordinairement à ramener au cœur de Sulpice un sentiment de douloureuse amertume; mais, dès qu'il sentait le monstrueux caractère de cette femme s'enrouler autour de lui comme un serpent autour d'une branche, il ne pouvait contenir son désespoir.

— Vous êtes malheureux? dit-elle d'un ton sardonique.

— Pour votre plaisir, madame.

— Croyez-vous, par hasard, que je sois heureuse, moi? Croyez-vous que rien ne manque à la réalisation de mes projets? Trouvez-vous mon visage si tranquille

que nulle inquiétudes ne s'y lise par intervalles ? Vous, malheureux, mais appa-
remment vous voulez rire ! Quoi ! je vous
aurais tiré de votre abjection profonde,
je vous aurais placé au sommet de la société, je vous aurais fait grand, riche,
noble, alors que vous n'étiez qu'un ouvrier, un vagabond, un mendiant; j'aurais
fait toutes ces choses pour vous et vous
auriez le droit de venir me dire aujour-
d'hui : Je suis malheureux ! — Cela ne se
peut pas, cela ne doit pas être. Tournez
vos yeux : le malheur, c'est moi. Moi qui
porte seule le poids du crime; moi qui ai
tout fait pour vous et qui tire de vous seul
le mal que j'endure...; le malheur, c'est
moi de qui vous conspirez la perte !

Sulpice s'était levé afin de s'arracher
à la persécution dont Reine semblait
prendre plaisir à l'accabler. Elle lui barra

le passage et se dressa entre la porte et lui. Alors, reprenant sa place sur son fauteuil, Sulpice mit sa tête entre ses mains, comme si elle eût pesé à ses épaules. Reine continua :

— Depuis longtemps vous me trompez. Vous songez encore à une famille qui n'existe plus pour vous.

— Vos espions lisent donc dans mon âme.

— Attendez, je vais vous prouver ce que j'avance. Qu'alliez-vous faire le 17 décembre à la barrière du Petit-Charonne ?

— Pourquoi êtes-vous demeuré toute la soirée dans un cabaret, *à la Pensée du Papillon volant ?* Pourquoi, dans ce même cabaret, a-t-on servi, à certains convives d'un pique nique à deux francs, des vins fins et des mets de prix ? — Et, quelques jours après, pourquoi êtes-vous entré, sur le quai de Gèvres, dans une maison où vous êtes resté jusqu'à dix heures. Qu'êtes-vous allé faire dans cette maison?

Ces détails qui ne devaient être connus que de lui foudroyèrent Sulpice. Il crut que cette pythonisse implacable savait tout.

— Votre père est venu sous le même toît à la même heure. Pourquoi? Répondez!

— Puis-je répondre à de semblables questions, dit Sulpice.

— Votre père est monté chez un armurier où il y avait une sorte de fête ce soir-là. On a bu et dansé chez cet ouvrier. Et vous n'y étiez pas?... Bénissez Dieu. Monsieur, si vous vous fussiez trouvé parmi ces gens, je serais venue moi vous dire : Sulpice Jérusard, tu m'appartiens parce que tu es mon époux et parce que, pour te faire riche, j'ai assassiné le comte Henri de Prémouran !

— Vous eussiez fait cela, balbutia-t-il...

— Et comment donc me serais-je vengée !

—C'est affreux ! horrible ! oh ! madame, rendez-moi ma pauvreté, mes habits déchirés et boueux. Rendez-moi ma misère ; rejetez-moi au fond de cette rue où vous m'avez pris un soir. Vous voyez bien que crime, richesse, dissimulation, tout cela est trop pesant pour moi ! Nous nous sommes trompés l'un et l'autre. Je ne suis pas l'homme qu'il vous fallait ; cela doit vous sauter aux yeux. Oh ! la rue ! la rue ! marcher libre et seul, en haillons, affamé, boueux, mais la tête haute, mais le cœur pur ! Vivre de charité au coin de la borne, mais vivre sans malédictions ; vivre sans remords ! — Cela vous fait hausser les épaules; eh bien! oui, je suis un lâche complice, une âme sans courage, un faible et un fou, c'est évident; mais rendez-moi mes douleurs d'autrefois, c'étaient des délices auprès des tortures d'à présent.

Reine l'écoutait froidement.

Lui cependant continuait et son accent eût attendri un cœur de marbre. Deux larmes de feu creusaient ses joues pâlies.

— Il faut être bonne, Madame; je ne peux plus vivre de la sorte... c'est plus fort que moi, j'ai beau prendre mon cœur à deux mains pour l'étouffer je n'y puis réussir. L'image de mon père me poursuit partout, — malgré moi je vous jure, — mais enfin elle me poursuit. Ce n'est pas ma faute. On a beau se raisonner, se dire mille choses, la nécessité, l'impossibilité, que voulez-vous? Si fort que l'on puisse être, la nature faiblit toujours, et il est des heures où les sanglots ne peuvent plus se contenir. Vous devez comprendre cela, ajouta-t-il en frémissant, — vous, *une femme*.

Il prononça ces paroles en détournant les yeux. — car il devinait un affreux sourire sur les lèvres de Reine Machu. Après un instant de silence, il reprit :

— Rendez-moi ce papier que j'ai signé dans un instant de délire ! Rendez-moi la liberté ! Rendez-moi l'honneur !

— Sulpice, que répondriez-vous à l'homme qui vous dirait : Rouvrez cette tombe, appelez ce cadavre et ordonnez-lui de revivre !

Sulpice devint horriblement pâle. Ses yeux vacillèrent. Reine le fixait toujours de son regard infernal.

— Ma foi ! prononça-t-elle, si j'étais médecin je vous tâterais le pouls.

Au bout de quelques minutes, il reprit d'une voix éteinte :

— Ne soyez pas cruelle ainsi, vous voyez bien qu'il est impossible de faire cuire un malheureux dans ses larmes comme vous faites de moi. Reine, rendez-moi ma liberté. Si vous avez cette pitié, eh bien !... Je vous aimerai.

Un éclat de rire atroce sortit de la poitrine de cette femme.

—Insensé, dit-elle, je suis liée à vous comme la chair l'est à l'ongle. Le jour où vous redeviendrez misérable, je roulerai avec vous dans la boue. Et vous croyez qu'après n'avoir pas craint de m'ensanglanter les mains pour monter où je suis, je descendrais à la médiocrité qui sourit aux lâchetés de votre cœur? tenez, comte, vous avez sommeil; dormez et ne parlez pas de la sorte.

— Dormir ; mais il y a un cadavre dans mon lit !

— Ne rêvez pas si haut, interrompit Reine en portant la main sur les lèvres du malheureux, les gens de justice viendraient vous éveiller.

— Je n'étais pas créé pour porter le crime ; le remords pèse sur ma tête comme une masse de plomb. De grâce, Reine, si vous avez un peu de cœur, ouvrez-moi la porte de cet enfer où vous m'avez enfermé.

— La porte de cet enfer, répondit-elle lentement et en appuyant sur chaque syllabe, pensez-y, comte, et osez la regarder en face : elle a deux poteaux rouges pour chambranles, c'est l'échafaud !

VI

Le spectre flou.

Après avoir répondu aux plaintes de
Sulpice par de cruelles évocations du
passé. Reine s'était retirée dans son appartement. L'ancien mouleur en horlogerie demeura pendant une heure immobile,
affaissé sur lui-même.

— Pourquoi ai-je vécu? se demandait-il. Que ne suis-je resté au sein du néant où la souffrance est inconnue !

Tout-à-coup sa main rencontra une lettre qu'il avait glissée sur son cœur lorsque Reine était entrée.

— Henriette ! s'écria-t-il, ta lettre me dit pourquoi je vis. O lumière qui éclaire la nuit de mon âme ; amour que Dieu a laissé tomber sur moi comme la rosée sur la fleur brûlée par le vent du midi, viens m'enivrer de tes délices.

Sulpice se jeta sur son lit, disposa un guéridon de manière à recevoir la clarté d'une bougie, et se mit à lire la lettre d'Henriette. C'étaient quatre pages d'écriture serrée un griffonnage aigu et mince tracé à la pointe d'une aiguille, en plusieurs jours, ainsi que le prouvaient les lignes suivantes :

« Donatien,

« On se bat! j'entends la fusillade du
côté des Champs-Elysées où vous habitez, ma sœur ne veut pas que je sorte. Je
lui dis que je veux aller à mon pensionnat,
elle jette ses bras à mon cou et me traite
de folle. — Donatien, si on vous tuait?...

« Le peuple a chassé le roi, m'apprend-
on. Peu de sang a été versé. Mais vous,
Donatien, vivez-vous? Je cours à la poste,
sous un prétexte; si à mes initiales je ne
trouve pas un mot de vous, je ne sais pas
ce qu'il adviendra !

« Merci, j'ai votre lettre. Je suis tran-
quillisée, à vous celle-ci :

« Donatien, j'ai eu le délire pendant les
trois jours qui ont suivi la célébration de
la Sainte-Luce. J'attribue cette petite souffrance à la terreur que j'ai éprouvée,

Etait-elle un châtiment de mon imprudence, ou un avertissement providentiel
des malheurs que me causera mon atta-
chement pour vous. Le soir de ma fête
j'ai senti la raison s'enfuir de mon cerveau, d'inexprimables angoisses me dévo-
raient, mais je n'ai pas cessé un seul instant de vous aimer. Le croiriez-vous? je
regarde, quand je suis seule, ce placard
où vous vous êtes caché, et je touche avec
bonheur ces murs qui ne me parlent que
de vous. — Je me surprends alors à re-
gretter que vous n'y ayez oublié un de
vos gants; c'est une idée folle! — Comment les dangers passés deviennent-ils
presque des voluptés à nos yeux, tandis
que les sentiments qui devaient faire notre
bonheur, apparaissent comme un nuage
au-dessus de notre vie?

« Hier, mon frère, ma sœur et moi,

sommes allés promener sur les fortifications, parce que c'était dimanche. Il y
avait beaucoup de monde qui allait et
venait. Je me figurais que je vous rencon-
trerais. Cette illusion, basée simplement
sur mon désir de vous voir, n'eût-ce été
qu'une minute, m'a bercée jusqu'à notre
retour. Comprenez-vous qu'on se fasse
ainsi des mensonges afin de se tromper
soi-même? Je vous l'affirme : sans cette
espérance chimérique incessamment re-
muée en moi, la promenade ne m'eût pas
été possible. J'aime mon père et ma sœur,
Dieu le sait! et vous ne l'ignorez pas,
Donatien; mais le plaisir d'être avec eux
ne me suffisait pas. Il m'a fallu m'imagi-
ner, que vous parcouriez, vous aussi, ces
collines vertes que forment les talus, et je
marchais en cherchant au loin devant
moi; la fantaisie qui m'avait dit de venir

me promener ne pouvait pas avoir oubliée
de vous inspirer la même pensée. Comme
tu vas vite, me disait ma sœur. — C'est
vrai, répondais-je; il me semblait que
tout le monde se portait là-bas en courant.
— Elle a des visions! disait mon père.

« Alors, je ralentissais mes pas, et
avançais à peine, car une voix intérieure
murmurait : Non, il est derrière toi, il se
hâte afin de t'atteindre. — Rien de cela
n'était vrai. — Oh! que les arbres dé-
pouillés de leurs feuilles me paraissaient
tristes; et ce Paris couvert de sa brume
grisâtre, éternelle; j'aurais voulu qu'il
n'eût qu'une maison, la vôtre, qu'un ha-
bitant, vous, Donatien !

« J'avais au pensionnat l'habitude de
prier le matin et le soir. Certainement,
c'est une bonne coutume; et si dès mon
enfance on m'eût enseigné les croyances

religieuses, je crois que la dévotion eût été ma sauvegarde; mais depuis que vous avez pris tous les battements de mon cœur, c'est à peine si j'ose lever les yeux vers Dieu; ma prière devient une offense à la religion, car ce n'est que vous que je vois dans le ciel. Vos traits se font l'objet de mon adoration. Ce n'est pas bien, n'est-ce pas? Et donc, si je vous avouais que j'ai acheté un Christ en ivoire qui a vos yeux, votre front, vos joues! Vous le voyez : loin de vous, je ne vis qu'en vous rapprochant de moi à force d'illusions.

« D'après mes calculs, vous avez encore trois cent dix-sept jours à attendre votre grande majorité. On dit que les lois vont être changées par la révolution. Peut-être songera-t-on à réformer celle qui défend aux jeunes gens de se marier, ainsi que bon leur semble, avant vingt-cinq ans ac-complis. »

Sulpice interrompit un instant sa lecture. De grosses larmes tombaient de ses yeux et l'empêchaient de voir clair.

— Pauvre Henriette, murmura-t-il en sanglotant ; ange dont la main s'est enlacée à celle d'un réprouvé !...

Il pressa contre ses lèvres le papier qu'avait touché la jeune fille, et il reprit :

— « Si la loi ne subit aucune modification, nous attendrons ; mais, Donatien, soyez plus sage que vous n'avez été, et n'exigez pas que je renouvelle l'imprudence que j'ai commise en vous recevant secrètement chez mon père. Un jour vous vous présenterez à lui sans crainte, sans dissimulation ; il vous accueillera avec joie, car je serai là, moi, et je lui aurai avoué que je vous aime. Ne nous exposons pas à lui révéler cruellement que je suis indigne de sa confiance ; ce serait lui causer un chagrin dont il ne se consolerait pas.

« Vous allez vous moquer de mon enfantillage ; mais je veux vous faire sourire à la fin de cette lettre : je me demande souvent quelle vie sera la nôtre quand nous serons mariés ? L'autre jour, j'ai vu en dehors des fortifications, au milieu d'un bois d'acacias, une petite maison, à volets rouges, isolée comme un ermitage, tout juste assez grande pour loger quatre ou cinq personnes : mon père, ma sœur, vous et moi. Si vous aimiez la campagne, et si ce n'était pas trop cher, nous pourrions louer cette demeure. Vous m'avez dit que vous n'étiez guère plus riche que moi. Vous aurez un emploi lucratif le plus possible, moi je broderai, mon père et ma sœur travailleront comme nous, et nos efforts réunis suffiront à notre modeste train de vie.

« Je vous livre mes pensées comme elles m'arrivent, Donatien ; j'effeuille mes rêves sur cette lettre, et je suis jalouse d'elle, parce que vous l'embrasserez peut-être.

« Votre HENRIETTE. »

Ces douces paroles d'espérance étaient pour Sulpice aussi tristes qu'un chant de mort. La pauvre coloriste lui parlait d'un avenir calme et heureux, à lui qui entendait encore vibrer les dernières vociférations de Reine.

— Devant moi je vois fuir le bonheur, disait Sulpice, comme un voyageur du désert voit fuir le mirage qui trompe ses pas. Malgré cet amour si vrai, si ardent, il n'y a autour de moi que solitude et désespoir! Je suis l'esclave de Reine Machu, esclave lié par une chaîne indissoluble, par un crime! Qui donc, mon Dieu, romprait ce lien fatal? Lorsque j'ai accepté la fortune qu'elle m'offrait, savais-je que je causais la mort d'un homme? — Les lois me répondraient vous le saviez. Les juges me diraient : vous avez fermé les yeux afin de ne pas voir; mais votre main n'a pas reculé quand on l'a remplie de l'or trouvé sur la victime. Ils auraient raison, c'est vrai.

Je me rappelle maintenant comment cela s'est fait. Dès que j'ai eu remis à Reine l'écrit qu'elle exigeait, j'ai entendu la voiture s'éloigner. Les assassins sont venus ici sans doute, et ils ont tué ce malheureux qui me ressemblait, un jeune homme, qui aimait peut-être comme j'aime; ils l'ont massacré là, dans cette

chambre, dans ce lit où je suis couché ;
c'était le sien !

Sulpice avait soufflé la bougie. Sa chambre n'était plus éclairée que par les dernières crépitations du foyer qui envoyait une lueur rougeâtre découper les moindres objets en ombres vacillantes. Ses sombres pensées l'avaient accablé. En vain, pressant sur sa poitrine la lettre d'Henriette, s'efforçait-il d'opposer un talisman d'amour aux terribles reproches de sa conscience. Il appelait le sommeil, mais ce dieu de l'oubli n'écoutait pas sa prière.

Tout à coup une sorte de déchirement de la muraille le fit tressaillir. Une petite porte qu'il n'avait jamais remarquée dans sa chambre s'ouvrit du côté opposé à l'appartement de Reine.

— Qui entre ainsi? demanda-t-il.

Le foyer se ranima un instant.

Un homme de la même taille que Sulpice, de la même allure, les cheveux et la
barbe taillés comme les siens, vêtu d'habits parfaitement semblables à ceux que
Sulpice portait habituellement avançait
vers la cheminée. Son pas était lent et
ne rendait pas même un frôlement. La
pâleur de son visage et de ses mains em-
pruntait ses tons étranges au jaune lumi-
neux des cires d'église. Il ne semblait pas
avoir de regards, ni de mouvement. On
eût dit un cadavre obéissant à l'impulsion
d'une âme éloignée. Il s'assit près du feu,
prenant la posture d'un homme qui se
chauffe avec plaisir.

Les dents de Sulpice s'entrechoquaient.
Tantôt de la glace liquéfiée, tantôt du
plomb fondu circulaient à la place de son
sang.

— C'est le spectre d'Henri de Prémou-mouran, pensait-il.

Sa respiration faisait dans sa gorge le râclement sec d'une scie dans un os.

Le fantastique personnage rapprochait les tisons épars sur la cendre. Les pincettes ne cliquetaient pas plus qu'un bâton sous sa main. Quand il eut ravivé le feu, il se leva et alla à un secrétaire. Il l'ouvrit, fit mouvoir un tiroir à secret que Sulpice ne connaissait pas, y prit un paquet de papiers roulés, puis, refermant tout avec soin, il revint s'asseoir sur son fauteuil devant la cheminée.

Rarement les fantômes ont la passion du vol, et ce serait à eux une grande lâcheté ; car ils auraient pour commettre leurs méfaits des facilités d'exécution contre lesquelles les Fichet seraient aussi impuissants que les Huret.

Mais celui-ci, par son effronterie, sortait de toutes les règles ordinaires ; il eut été capable de boire une rasade, si quelque bouteille se fût rencontrée sur son chemin.

Sans pouvoir surmonter son effroi, comme le Don Juan de Molière en présence de la statue qui se rend à son invitation à souper, Sulpice commençait à reprendre un lambeau de courage :

— Qui êtes-vous ? balbutia-t-il.

Aucune réponse ne lui fut faite. Sulpice voulut vaincre sa terreur, il roula hors de son lit plutôt qu'il n'en descendit. Ses genoux craquaient et flageollaient sous lui. Néanmoins il se hasarda à marcher vers la cheminée. Il n'eut pas la force d'arriver jusqu'à l'être infernal assis auprès du feu, celui-ci ayant tourné la tête, paraissait se complaire dans l'effroi qu'il causait, Sulpice s'arrêta :

— Spectre ou homme, va-t-en ! s'écria-t-il d'une voix horrible.

Le spectre haussa les épaules.

— Va-t-en, va-t-en ! répéta Sulpice.

— Pourquoi m'en aller ? Je suis chez moi, répondit le fantôme.

Sulpice Jérusard recula foudroyé.

— Henri de Prémouran ! prononça-t-il d'une voix formidable.

Puis il tomba sur ses genoux ; porta ses mains à sa tête et s'étendit de son long sur le parquet.

Ce dernier cri avait retenti dans l'hôtel comme une explosion d'arme à feu. Reine l'entendit. Reconnaissant la voix, elle se hâta d'allumer un flambeau et accourut tout effarée.

Elle vit Sulpice évanoui, — seul. — Ses

doigts crispés tenaient une lettre ployée ; Reine la saisit. Puis elle sonna ses gens.

— M. le comte a eu un accès de fièvre, leur dit-elle, ce ne sera rien.

Dès que Sulpice eut été replacé sur son lit, il revint à lui. Reine congédia les valets.

— Que vous est-il arrivé ? demanda-t-elle à son mari.

Sulpice regardait à droite et à gauche comme un fou.

— Où est-il ? murmurait-il. — Par où est-il entré ; par où est-il sorti ?

— Qui donc ?

— Le spectre.

— Allez-vous me jouer une scène de Shakspeare ?

L'infortuné Sulpice se leva, alla au secrétaire, puis au mur ; il s'arrêta devant un lambri mouvant.

— Il y a une porte ici, dit-il.

— Vous devez vous en être aperçu depuis longtemps, répondit Reine ; c'est une porte qui par un long couloir correspond à une sortie fort inutile que je veux faire murer.

— Dès demain, n'est-ce pas, madame, ajouta Sulpice.

— Pourquoi cela?

— Oh ! je ne sais ; tenez, madame, vous me haïssez, eh bien ! avant peu vous serez heureuse : je serai fou. J'ai cru voir...

— Qu'avez-vous vu?

— Non, ce n'est pas possible. J'ai eu un moment de vertige affreux, ou plutôt je m'étais couché et endormi... J'ai fait un rêve... oui, c'est cela, et ce rêve m'a tellement agité que j'ai poussé le cri que vous avez entendu.

Maintenant Sulpice croyait réellement

avoir été le jouet de quelque hallucination, tant les péripéties émouvantes au milieu desquelles il vivait lui laissaient peu la plénitude de sa force intellectuelle.

— Bonne nuit, comte, dit froidement Reine Machu, à qui il tardait de regagner son appartement pour lire la lettre surprise par elle. — Je prêterai l'oreille, si votre fièvre vous reprend ; appelez moi.

La comtesse lut les quatre pages d'amour adressées par Henriette à Donatien. Elle devina tout, en faisant coïncider l'histoire du placard avec la fête qui avait eu lieu le soir de la Sainte-Luce, dans une maison où Sulpice était resté trois heures.

— Voilà donc pourquoi Minot n'a rien vu, grommela-t-elle ; l'imbécille !

Elle relut la lettre, elle aussi, puis elle en copia certains passages.

Le lendemain matin, Sulpice retrouva la prose d'Henriette sur l'une de ses pan-
toufles.

Les ateliers nationaux.

Le soleil de mars versait des rayons at-
tiédis entre des nuages qui couraient sur
le bleu du ciel. Aux branches des arbres,
les bourgeons rouges se hâtaient d'éclore
afin de saluer le retour du printemps. Les
oiseaux de Paris, oiseaux assez dégénérés,
pour se chauffer aux cheminées pendant
tout l'hiver, recommençaient à visiter les

marronniers des Tuileries. Sur le boulevard, il y avait des fillettes qui, moyennant
un sou, donnaient un bouquet de violettes
et un sourire. Quelques calèches décou-
vertes parcouraient l'avenue de l'Etoile,
tandis que plusieurs brigades des ateliers
nationaux exécutaient sur les Champs-
Elysées des travaux d'aplanissement.

Les ateliers nationaux resteront la page
la plus curieuse de notre seconde république. Pendant plusieurs mois on a vu s'ouvrir des salles à plusieurs coins de Paris,
où des hommes venaient passer quelques
heures moyennant quelque argent. Là dedans on fumait, on lisait le *Père Duchêne* ou
la *Commune de Paris*, on causait, on se promenait de long en large ; même quelques
témoins assez digne de foi ont affirmé
qu'on y travaillait. Pendant plusieurs mois,
des hommes improvisés terrassiers du

jour au lendemain ont bouleversé le sol des promenades, gâché le Champ-de-Mars, embourbé les Champs-Elysées. Cela a été quelque chose d'étonnant. surtout d'exemplaire. Les poètes et les musiciens s'en sont mêlés aussi ; il y a eu des hymnes nationales et des cantates patriotiques, et l'on n'a plus travaillé qu'en chantant drapeau en tête. De solennelles processions ont été organisées de la sorte ; — vous eussiez dit la troupe de l'Opéra allant dépaver Paris.

On a eu la poésie du travail, mais on n'a pas eu le travail. Un théâtre a été dressé, les quinquets ont été allumés, les décorations ont été peintes par une main fantastique. Quant aux artistes, on les a pris un peu partout : dans des greniers où il y avait des enfants livides, mourants de faim et de froid, entassés les uns sur les autres, essayant de se blottir sous les haillons de leur mère ; au fond des ruelles infectes des faubourgs, entre deux bornes où une famille expulsée de sa demeure avait élu domicile ; sous les carrières de Montmartre ou de Montrouge, asiles croulants où les crapauds chantent éternellement. Partout on était allé dire : « Venez ! » et il était venu de véritables pères de famille, le ventre creux, les joues hâves ; mais avec eux arrivaient des paresseux et des ivrognes, on les prit ici, là-bas, en province, à l'étranger, sans triage préalable, les bons avec les mauvais, les mauvais avec les horribles ; puis, une fois cette nuée de comparses invitée, la répétition a commencé. Ah ! comme c'était affreux ! Personne n'était d'accord, nul ne savait ses rôles ; les uns arrivaient trop tard, les autres s'en allaient trop tôt ; le régisseur n'était pas à son poste. Bref, la représentation n'a pu avoir lieu. — On en est resté à la répétition de cette immense parodie du travail organisé.

Vous comprenez, lecteur, qu'il aurait fallu que Pas-de-Chance fût mort pour que nous ne le trouvassions pas dans les ateliers nationaux.

On peut reconnaître sa haute et forte taille dominant cette haie de [travailleurs qui jouent ou plutôt qui *travaillent* au bouchon afin de rompre un instant la monotonie de leurs coups de pioche.

Revenu au dépenaillé de costume sous lequel il nous est apparu pour la première fois, Pas-de-Chance a déjà appartenu à trois différentes brigades. Il s'est vu expulser de la première parce que toujours prêt à se faire justice à coups de poing, il avait gravement endommagé la personne du brigadier qui s'était permis de le comparer à un cheval. On l'a congédié de la deuxième pour avoir brisé la hampe du drapeau un jour qu'il l'avait simplement saisie avec trop de zèle. Depuis deux semaines, il est incorporé dans la troisième brigade, et grâce aux amis qu'il a trouvés, il a l'espoir d'y rester jusqu'à ce qu'un atelier de menuiserie réclame ses bras.

Un de ces amis était Nivose Bibeau. Dégringolant de brigade en brigade, Pas-de-Chance avait rencontré le bon terrassier de la rue des Ursulines.

— Vous ne me reconnaissez pas? s'était-il écrié; je suis l'intime de Culotte. Cré nom! c'est encore un bonheur auquel je ne me serais pas attendu de me voir votre camarade, à vous, que je révère; car je vous révère.

— Vous êtes bien bon , répondit humblement le terrassier.

— Comment ! je suis bon ?

— Oui, de m'accorder une vénération qui ne m'appartient à aucun titre.

— Ça n'a pas l'air de vous aller !

— Pourquoi cela ne m'irait-il pas , si j'en étais digne ?

— Non, ça ne vous va pas, idée de me vexer.

— Allons, puisque vous le voulez, ça me va, dit Bibeau en souriant.

—Après quoi, grommela l'orageux Pas-de-Chance, si vous n'êtes pas content, on peut vous soigner d'une autre façon !

Il retroussait ses manches afin de dégager ses poings.

— Avez-vous eu des nouvelles de cette famille Soviche, que vous aimez tant? demanda Nivose Bibeau, sans même s'apercevoir de ces dispositions fracassantes.

Cette question dissipa subitement l'ardeur volcanique du menuisier.

— Nom de nom! murmura-t-il en se frappant le front, voilà ma maladie qui allait me reprendre:

Il saisit la main que lui tendait Bibeau et la secoua rudement.

— Faut pas me parler des Soviche, reprit-il en faisant rouler ses yeux afin de cacher une larme, ça m'attendrit trop. C'est pas étonnant après ça : le père Soviche, comme je vous l'ai conté, m'a décroché un jour que je m'étais pendu. Et puis sa fille... Ah ! dame ! je l'aime, c'est plus fort que moi. Je crois qu'un de ces matins je partirai pour Château-du-Loir; je ne pourrai pas vivre sans voir Ninette, au moins encore une fois.

— Je vous en ai parlé, dit Bibeau, parce

que hier, dans la rue des Enfants-Rouges, j'ai cru entendre une femme appeler un homme Soviche; et le costume de ces braves gens indiquait des campagnards.

Pas-de-Chance bondit.

— Et vous ne les avez pas arrêtés!...

— Pourquoi?

— Vous ne leur avez pas demandé s'ils me cherchaient?

— Ce n'était guère probable, mon ami.

— Quel malheur! mon Dieu, quel malheur! — Est-ce qu'ils y avaient une jeune fille avec eux? une jeune fille plus belle que toutes celles que vous avez pu voir à Paris?

— Non, je n'ai pas remarqué de jeune fille. La femme de quarante ans environ était seule avec l'homme qu'elle a nommé Soviche.

— Ce dernier avait un chapeau en feutre gris ?

— Précisément.

— Mille millions de tonnerres ! Ce sont eux, s'écria Pas-de-Chance. Ils me cherchent, j'en suis sûr. Ils allaient à l'Hôtel-de-Ville voir si je n'étais pas devenu quelque chose depuis la révolution. Je veux les retrouver, je ne dormirai pas que je les aie vus. Voyons, Nivose Bibeau, vous qui avez de l'instruction , enseignez-moi un moyen de savoir leur adresse ou de leur faire connaître la mienne ?

— Vous pourriez vous adresser rue de Jérusalem.

— Je ne manquerai pas d'y pousser une visite ; mais... j'ai une autre idée ! Elle n'est pas mauvaise. Aujourd'hui on colle librement ce qu'on veut sur la muraille.

Cré nom ! je ne sais pas écrire, mais vous, père Bibeau ?...

— Je griffonne très-mal ; ma femme barbouille un peu mieux, mais à nous deux nous ne sommes pas forts.

— C'est égal. J'acheterai du papier, et vous me ferez mes affiches ce soir.

Le lendemain, les murs de Paris se couvrirent de petites feuilles sur lesquelles des lettres épileptiques grimaçaient les mots suivants ,

Avisse à la famille Soviche :

Le citauiain Pas-de-Chance demeurt

rue des Ursulines St-Jacques, 7.

N'ayant pas encore un domicile certain, le menuisier envoyait ainsi aux renseignements chez Nivose Bibeau. Cet essai original n'eut aucun résultat. Pas-de-Chance

tenta tous les autres moyens imaginables
de se procurer l'adresse de Soviche : il ne
put y parvenir. Quelques jours après,
cependant, il devait rencontrer son
amoureuse de Château-du-Loir, l'infidèle
Ninette. Mais n'anticipons pas.

On comprend qu'à partir de cette
époque un entier et naïf dévouement fut
acquis à Nivose Bibeau en retour des sages
conseils dont il avait aidé Pas-de-Chance
dans cette recherche. Un troisième personnage vint faire de cette amitié une tri-
nité toute-puissante. Mais son apparition
fut signalée par des scènes qu'il est indispensable de raconter ici.

Les ouvriers des ateliers nationaux
formaient à certaines heures de la journée
des groupes, où les questions ardentes se
discutaient longuement. Chacun y était
admis à y expliquer ses idées politiques,

sauf à provoquer l'adhésion ou le blâme
des auditeurs. Là, un peu comme partout,
la voix la plus forte, le geste le plus
abrupte, décidaient de l'opinion et entraî-
nait la masse ; on n'était un bon orateur
qu'à la condition d'avoir les cheveux en
broussaille, de rouler des yeux et surtout
de porter une blouse. Le bon sens poitri-
naire n'était pas admis. Une phrase en
vrai français faisait lever les épaules. Ce
qui s'est dépensé de paroles mauvaises ou
folles dans ces réunions est incalculable,
et n'a servi qu'à prouver une chose : c'est
qu'entre gens du peuple, toute discussion
est impossible, dès qu'elle n'est pas menée
par un homme d'éducation, homme de
cœur en même temps.

Lorsque à la suite d'un parti pris, des
individus se refusent à aller au-devant du
raisonnement, ils n'aiment pas voir le

raisonnement venir à eux. Le peu de bonnes paroles qu'on a essayé de faire tomber sur les ateliers nationaux est demeuré sans résultat ; les voix trop rares qui se sont élevées au nom de la conscience et de la religion ont été mal entendues. On criait : *A l'avocat!* et soudain un autre orateur bouillant, tempétueux, gesticulant, détruisait avec une sottise hurlée l'effet d'un calme et sain discours.

Comme tant d'autres, nous avons applaudi spontanément et du fond de notre âme à cette réaction du peuple contre une phraséologie politique, vraiment ridicule et vaine. Mais en même temps nous nous sommes aperçu avec douleur qu'on y substituait une autre phraséologie tout autant déplorable.

A l'affectation de la science succédait l'affectation de l'ignorance ; ce n'était qu'un déplacement d'orgueil. « Mes amis, mes frères, je ne suis pas un *beau parleur!* » s'écria-t-on dans toutes les assemblées. Chacun alors mettait sa gloire à estropier le langage et les convenances ; le *sacrebleu* s'introduisait avec succès à la tribune des représentants, et le peuple était devenu, sans le savoir, aussi avocat que les avocats eux-mêmes, quoique dans un sens plus exagéré mais non moins factice.

Ce fut dans une de ces discussions que se produisit pour la première fois le nouvel ami de Pas-de-Chance et de Nivose Bibeau.

Tous les deux étaient assis au pied d'un arbre des Champs-Élysées, du côté du Cours-la-Reine, lorsqu'ils entendirent s'élever à quelques pas une grande rumeur. Un groupe d'ouvriers des ateliers nationaux venait de se former autour d'un jeune homme qui s'agitait et semblait pérorer vivement. Curieux de connaître le sujet de la conversation, le menuisier et le terrassier s'approchèrent.

— Tiens ! dit celui-ci, c'est le nouvel ouvrier de la brigade.

— Ce jeune homme qui n'est avec nous que depuis quelques jours ?

— Précisément. Mais avançons encore, son discours n'a pas l'air de *leur revenir...*

Ils se mêlèrent au groupe composé de deux à trois cents personnes, et où se trouvait représentée, en abrégé, toute cette singulière population des ateliers nationaux, qui, pour la violence achevée des contrastes, n'eût rencontré d'équivalent que dans les troupes aventurières de l'Italie ou dans les hordes vagabondes des anciens Bohêmes. Là, en effet, semblaient s'être donné rendez-vous de tous les coins

du globe et de tous les recoins de la société, avec leurs physionomies spéciales et
leurs costumes distinctifs, une nuée de
personnages, parmi lesquels, peut-être,
les Français, les honnêtes gens et les pères
de famille formaient la minorité.

C'est ainsi que l'on voyait dans cette
vaste agglomération de détresse et d'inca-
pacités de toutes nuances, des Allemands
blonds comme l'or ou le bouillon gras,
des Espagnols sinistrement drapés dans
une cape absente, de mélancoliques
Polonais. Et puis aussi les professions les
plus extravagantes et les moins concor-
dantes entre elles : des agents d'affaires,
esquivés par la porte de derrière, un jour
qu'il y avait des gendarmes à la porte de
devant ; des croque-morts, licenciés pour
avoir décrit devant un cercueil des S scan-
daleux (si tant est que l'ivresse ait sa calli-

graphie); des vieillards à cheveux blancs,
qui avaient joué en province la tragédie
avec Talma; des empailleurs, fabricants
d'yeux pour les animaux et des égoutiers.
Un jour que M. Emile de Girardin passait
par là, il reconnut, traînant une brouette,
un ancien journaliste de province, qu'il
emmena avec lui et qu'il plaça le lendemain dans ses bureaux.

Quelques-uns de ces gens paraissaient
avoir honte aux yeux des passants et dé-
guisaient, sous une blouse déchirée, des vêtements qui, quoique diaprés de crasse et
rongés par l'usure, trahissaient encore un
passé regrettable. Ils traitaient de cynisme
le débraillé hardi des jeunes démocrates
qui, la pipe à la bouche, l'œil braqué sur
tout le monde, la tête nue pour montrer
leurs chevelures en soleil, appuyés fièrement sur le bois de leur pelle, semblaient

jouir de leur droit au travail dans toute sa plénitude.

Tel était le public qui se pressait autour de l'orateur en question. C'était un jeune homme de vingt-cinq ans à peu près, d'un extérieur doux, et qui s'exprimait sans aucune des exagérations dont nous avons parlé plus haut. Cependant, ainsi que venait de le faire remarquer Nivose, les dispositions de l'auditoire ne semblaient rien moins que sympathiques à son égard.

— Ecoutez, disait le jeune homme, je veux vous dire en peu de mots ce que je pense du socialisme...

Pas-de-Chance et Bibeau, avides d'entendre cette dissertation, parvinrent, non sans quelques coups de coude, à se placer au premier rang.

— Il a des mains de marbre blanc,

murmura Nivose à l'oreille du menuisier.

— Et un singulier habit, répondit Pas-
de-Chance ; les pans ne sont pas de la
même couleur ; l'un est noir, l'autre bleu.

VIII

L'ouvrier amateur.

Les ouvriers des ateliers nationaux firent silence et resserrèrent leur cercle menaçant autour du jeune homme, qui s'exprima en ces termes :

— D'abord il ne faut pas vous étonner si je n'ai dans le cœur que des paroles de paix et d'amour. Que voulez-vous ? on ne se refait pas. Pourtant je suis comme vous un homme pour qui la vie s'est montrée mauvaise. Mais je suis aussi un homme qui cherche le vrai par les routes du bien. Peut-être est-ce là une raison suffisante et qui fera comprendre pourquoi la violence n'est pas dans ma bouche. Je hais la haine comme ces vents de feu qui dessèchent tout sur leur passage !

Ce prélude fit froncer quelques sourcils, mais pas une lèvre ne remua.

— Croyez-vous, reprit le jeune homme, que les vices et les abus de ce monde ne me crèvent pas les yeux comme au premier venu, comme à vous-mêmes ? Pensez-vous que je batte des mains à l'ordre de choses actuel, et que je trouve que tout soit pour le mieux ? Mais il faudrait pour cela que je fusse né aveugle ou que Dieu eût posé une taie épaisse sur mon intelligence. Ah! certes, l'humanité crie et souffre ! Certes ,

l'humanité a besoin d'être améliorée ! Vice
en haut et en bas, lèpre partout ! En face
de pareils désordres et des bouleverse-
ments qu'ils amènent, je comprends et
j'apprécie les efforts des intelligences
réellement dévouées à la cause sociale.

Mais je distingue entre l'amélioration et
l'utopie, entre la fraternité et le socialisme,
et je vous dis que le socialisme ne fera pas
faire à l'humanité un pas de plus dans le
progrès. Qu'est-ce, après tout, que le
socialisme, sinon une forme nouvelle de
gouvernement s'initiant aux intérêts par-
ticuliers? Or, selon moi, le bonheur de
l'homme ne dépend pas des gouvernements : c'est le bonheur des gouvernements qui dépend de l'homme. Refaites
l'homme d'abord, et ensuite vous referez
les gouvernements. Refaites son cœur,
refaites sa tête, refaites ses mœurs ; alors

vous referez ses lois. La société mal faite est la conséquence de l'humanité mauvaise.

Cette fois quelques murmures passèrent sur cette foule.

Le jeune homme devenait plus triste.

— Oui ; dit-il, comme s'il se fût parlé à lui-même, on s'occupe des hommes, mais on ne s'occupe pas de l'homme... Tout est là cependant. Ce qu'il faut regarder avant tout dans un gouvernement quelconque, ce sont les gouvernants et les gouvernés. Au lieu de nous inquiéter si l'État s'appelle monarchie ou république, inquiétons-nous plutôt s'il s'appelle Henri IV ou Robespierre. Voilà où est la question. A quoi bon changer la forme du gouvernement et mettre le pays à sang et à feu si nous devons, une fois le socialisme installé, compter toujours la même somme de bons et de mauvais citoyens. Croyez-vous par l'opposition que le socialisme rencontre aujourd'hui dans les masses, ne pas vous trouver plus tard avec des hordes innombrables de mauvais socialistes sur les bras ? Qu'est-ce que vous en ferez alors ? Est-ce à force de révolutions que vous pensez convaincre le peuple ? Perdez cette erreur. — Les révolutions n'éclairent jamais que ceux qu'elles tuent.

Il se fit un moment de silence après ces paroles dites d'une voix grave et douce. Évidemment jamais semblable langage n'avait été essayé au sein des ateliers nationaux. Quelques ouvriers se regardaient comme pour se consulter.

—Tout cela est bel et bon, dit un d'entre eux d'un ton bourru ; mais le droit au travail ?... Il nous le faut, nous le voulons !

— Oui ! le droit au travail ! le droit au travail ! s'écrièrent-ils en chœur.

Le jeune homme hocha la tête avec mélancolie.

— Rappelez-vous que Dieu a dit : *Tu gagneras ton pain à la sueur de ton front;* et, vous rappelant cela, sachez que le pain doit être une conquête, et non une condition de votre existence. Mes chers compagnons, le droit au travail est de vos illusions la plus douloureuse, je vous le dis à regret. Des hommes égarés vous égarent. L'envie de travailler, voilà le meilleur droit au travail. Il est rare que le sol ait jamais manqué à tout individu qui a l'honnêteté, deux bons bras et de l'énergie en partage. Le ciel, qui fit mystérieusement toutes choses, a fait du malheur une fournaise où beaucoup d'âmes se retrempent comme l'acier. N'allons pas contre les des-

seins cachés du ciel. — D'un monde rela-
tif, n'essayons pas de faire un monde ab-
solu. — La plupart des utopistes, vous le
savez, ont contracté l'habitude de mettre
Dieu en dehors de leurs combinaisons. Ils
ne s'inquiètent pas à qui appartient ce
globe, et comment nous n'en sommes que
les locataires. Quelques-uns d'entre eux
vont même jusqu'à dire : *Dieu c'est le mal !*
Cela les met plus à leur aise. Dieu les
gêne parce que Dieu est la grande raison souveraine de toutes choses. N'imitez
pas ces gens et surtout ne vous laissez pas
gagner à leurs théories. Ce sont des fous
ou ce sont des monstres dévorés d'ambition et pour moi je n'ai jamais pu songer
à quelqu'un de ceux-là sans me rappeler
aussitôt les franches paroles d'un mora-
liste célèbre : « Or, je défie qu'on me trouve
par tout le monde entier un honnête hom-

me qui ne croie pas en Dieu! »

Que vous dirai-je de plus ? La moitié de ces théories se réfute par le cœur, et l'autre moitié par le bon sens. Chose inouïe, que ce soit au dix-neuvième siècle que l'on vienne essayer de renverser la propriété, la famille et la divinité ; que l'on s'attaque à l'intelligence, à la morale et à l'âme, et que de ce triple sacrilége naisse une religion nouvelle intitulée précisément *socialisme !...*

La voix du jeune homme s'était à la fin animée en parlant ainsi, son geste était devenu éloquent et dans ses yeux se lisait une conviction ardente. Appuyé contre un arbre épais, sa tête ovale et blanche se détachait nettement sur l'écorce brune et dominait le groupe des ouvriers. Immobile, il les regardait tous en face, et tous le regardaient de travers. On eût dit que cette sérénité haute et forte, qui part de la conscience pour se refléter sur le front, les choquait. Évidemment, pour eux, cet homme avait *trop raison*, et c'était là son tort à leurs yeux, un tort qui se pardonne rarement. Aussi, quand il eut fini, aucune voix ne s'éleva pour lui répondre, mais toutes les voix s'élevèrent pour le huer.

— C'est un *aristo!* grommela un dégue-nillé dont les yeux à cristallin rouge sem-blaient prêts à jaillir de leur orbite.

Aristo! une grande injure d'aujourd'hui, renouvelée d'une grande injure d'autre-fois! dérivé stupide d'un mot absurde!

— Combien vous sont payées les *balan-çoires* que vous nous débitez? s'écria un autre.

— Ce sont les riches qui vous envoient!

— A bas le sermonneur! à bas le réac-tionnaire!

On n'est pas aussi résigné que cela, lorsqu'on souffre réellement !

—On n'a pas les mains si blanches et la langue si déliée !

— On ne se bat pas quand on raisonne ! Toute la liste des préjugés populaires.

— .Où étais-tu au 24 février ?

— Je te reconnais, tu es un municipal sans uniforme.

— Un henriquinquiste déguisé !

— Un envoyé de l'empereur de Russie !

— Cela t'ennuie, sans doute, que le peuple ait faim, monsieur de la figure pâle.

— Ça te fait bobo à l'oreille les cris de *Vive la République !* mon mignon ? Excusez ! On fera matelasser tes fenêtres, et on étendra de la paille devant ta porte !

— A bas l'orléaniste ! à bas le faux ouvrier !

Une femme qui passait par là et qui s'était arrêtée depuis quelques minutes, voulut dire son mot, elle aussi. Cette femme, la première venue, une mendiante, une courtisanne, peut-être une mère de famille, sourit bêtement, et cria en se levant sur la pointe des pieds:

— A l'eau le mouchard!

C'était de l'huile tombée sur du feu. La rage en prit à tout le rassemblement.

— C'est cela! à l'eau! à l'eau! hurlèrent cent voix formidables.

— Tu es une bonne *citoyenne,* toi! dit un garçon de dix-sept ans à l'abominable femme qui riait.

— Et il lui donna une poignée de main en gage de sympathie.

— A l'eau, l'orateur!

Le cercle se resserra autour du jeune homme comme pour l'étouffer. Déjà à travers les huées et les insultes plusieurs bras vigoureux s'élançaient vers lui. Le danger était imminent ; rien ne semblait pouvoir l'y soustraire, lorsque deux spectateurs qui étaient demeurés jusqu'à ce moment muets et attentifs, écartèrent la foule par un mouvement brusque, qui la fit refluer sur elle-même. Puis se plaçant devant le jeune homme qu'ils couvrirent de leur corps :

— Halte-là ! s'écrièrent-ils.

C'étaient Pas-de-Chance et Nivose Bibeau.

Depuis le commencement de cette scène le menuisier et le terrassier avaient paru suivre avec un vif intérêt le discours du jeune homme. Chaque mot était entré dans le cœur et dans la tête de Pas-de-Chance pour s'y graver au fur et à mesure. Une lumière pénétrante se faisait dans cette intelligence grossière. Il comprenait. C'est qu'aussi jamais paroles semblables ne lui avaient été adressées ni par sa mère, ni par son père, ni par un prêtre, à lui, pauvre enfant perdu et mal trouvé ! C'était la première fois qu'il prêtait son attention, et le fruit qu'il en recueillait lui était déjà précieux. Il en ressentit immédiatement une grande admiration pour cet inconnu. Pas-de-Chance l'écoutait encore, qu'il avait depuis longtemps cessé de parler. Tout entier au revirement moral qui s'opérait en lui, il ne comprit pas d'abord les imprécations des ouvriers des ateliers nationaux. Mais quand Nivose lui eut dit : Ce jeune homme est en danger, il eut de l'orage plein les yeux.

— Au large ! cria-t-il à la foule.

La réputation de Pas-de-Chance était faite dans la brigade ; néanmoins un combat terrible allait s'engager, lorsqu'un incident providentiel vint lui donner la victoire sans combat. — Un bataillon de gardes mobiles s'avançait dans les Champs-Élysées.

A cet aspect le rassemblement se dissipa de lui-même, et chacun retourna lentement à sa pioche ou à sa brouette.

Il ne resta plus au pied de l'arbre, témoin de cette scène fougueuse, que trois personnes seulement : Pas-de-Chance, Nivose Bibeau et le jeune discoureur.

Ce dernier tendit une de ses mains à chacun d'eux.

— Merci, mes amis, leur dit-il, vous me prouvez que toute générosité n'est pas morte, même chez un peuple qui a faim.

Tels sont les évènements qui mirent un troisième personnage dans l'intimité de Nivose Bibeau et de Pas-de-Chance. Ce troisième personnage se nommait Henri. Il s'était attaché à la brigade d'ateliers nationaux, mais par une singularité inexplicable, semblable à ces fils de famille qui vont gratuitement chez les avoués dépenser leur jeunesse sur du papier timbré, il ne touchait la pioche qu'en amateur, comme ceux-ci touchent la plume. On ne l'avait vu recevoir sa paie qu'une seule fois, et un bavard prétendait l'avoir rencontré, un soir, élégamment vêtu. Pas-de-Chance et Bibeau considéraient ces bruits comme autant de petites calomnies inventées pour accréditer l'accusation déjà formulée contre Henri : à savoir que c'était un agent payé par les réactionnaires ; néanmoins ils se permirent d'adresser à leur ami quelques questions auxquelles celui-ci répondit de manière à leur ôter toute méfiance. A dater de ce jour, rien n'altéra plus l'union de ces trois êtres, union d'autant plus puissante, que chacun de ses membres symbolisait en lui une qualité souveraine : Henri l'intelligence, Nivose Bibeau la morale et Pas-de-Chance la force.

Henri n'était pas d'une assiduité remarquable. Il n'apparaissait au sein de la brigade que lorsque le soleil chauffait le camp des travailleurs. Quelquefois il prenait part aux discussions politiques des ouvriers, et le peu de sympathie que leur inspiraient ses opinions ne l'empêchait pas de les exprimer énergiquement. Le bain froid qu'ils avaient voulu lui faire subir ne lui donna pas la moindre circonspection. Il eut la hardiesse de leur reprocher cet acte de fureur, en leur prouvant que c'était la plus flagrante violation qu'ils eussent commise contre la liberté sacrée d'émettre ses convictions.

Or, comme nous l'avons dit au commencement du chapitre précédent, il y avait du bleu au ciel et des rayons de soleil tamisés par les branches des arbres, aux Champs-Élysées. Nivose et Pas-de-Chance causaient avec Henri. Les autres ouvriers de la brigade occupés à aplanir le sol semblaient étudier le précepte du sage : Hâte-toi lentement. Chacun cassait une motte, donnait un coup de pelle ou de bêche, et entremêlait cette besogne de longues conversations.

— Je vous affirme, disait Nivose Bibeau, qu'il y a dans notre brigade même, beaucoup de gens qui n'ont pas réellement besoin de ce secours déguisé que l'État nous accorde.

— Témoin le sieur Larigette, ajoutait Pas-de-Chance, le portier de la maison où vous demeurez. Je ne l'ai vu que deux ou trois fois en allant chez vous le dimanche ;

mais il s'échappait de sa loge une fumée qui
ne sentait pas la misère, nom de nom !

— C'est ce travailleur à cheveux gris
que vous nommez Larigette? demanda
Henri en désignant le concierge de la rue
des Ursulines, qui par hasard se retournait
en ce moment.

— Lui-même, répondit Bibeau.

— Je l'ai vu hier chez un notaire, dit
Henri.

— Ah ! fit Pas-de-Chance, que pouvait-
il avoir à y démêler, si comme nous il était
misérable ?

— C'est singulier, observait Nivose en
souriant, mais vous-même, notre bon camarade, qu'alliez-vous donc chercher dans
une étude?

Loin de se troubler, Henri haussa les
épaules froidement.

— Malgré tout, je le vois, vous partagez

un peu contre moi les soupçons de tous
vos camarades. Mon Dieu, ne peut-on aller
demander au maître clerc des rôles à co-
pier?

— C'est très-naturel, dit Nivose, et Larigette s'y rendait peut-être dans cette intention.

— Écoutez, mes amis, reprit Henri;
afin d'en finir sur ce qui me concerne, laissez-moi vous donner une dernière explication. Je vous l'ai dit, je n'étais pas ouvrier
avant la révolution. Des évènements qu'il
est inutile de vous raconter m'ont fait arriver à Paris, alors que les pavés de février branlaient encore sous les pieds des
passants. J'aurais pu peut-être briser violemment la pauvreté que Dieu m'a faite;
mais il m'aurait fallu renoncer à une idée
bizarre que je regarde comme une des
belles originalités de ma vie. Ainsi dénué

de ressources, un peu par ma faute, il est vrai, j'ai accepté celles que le gouvernement nouveau offrait à tous les nécessiteux. Je vous ai rencontré providentiellement sur mes pas. Je me suis efforcé de gagner votre amitié parce que j'ai lu au fond de votre cœur. J'ai une pelle à la main comme vous. Je veux être votre ami, ayez donc confiance en moi.

— Cré nom ! s'écria Pas-de-Chance. Nous vous croyons le meilleur des hommes, et celui qui dirait le contraire...

— Pour en revenir à Larigette, reprit Nivose Bibeau après un moment de silence, probablement on le calomnie, mais on lui reproche beaucoup de choses.

— Comme, par exemple, celle de n'apparaître que rarement parmi nous, ajouta Pas-de-Chance, et d'avoir semé plusieurs noms dans plusieurs brigades afin de récolter plusieurs paies.

Larigette, ombrageux comme tous les gens dont la conscience n'est pas cravatée de blanc, s'était déjà retourné deux ou trois fois. Sans entendre un mot de cette conversation, il devinait aux gestes et aux regards jetés sur lui qu'on critiquait sa personne ou ses actes. Il vint droit à Nivose Bibeau.

Peut-être le lecteur ne se souvient-il qu'imparfaitement de la figure épisodique de ce personnage. Une première fois il nous est apparu à la *Pensée du papillon volant,* au pique-nique à deux francs ; il était sombre, impatient, et avait, disait-il, des communications importantes à faire à Calixte Jérusard, à Périllon et aux autres membres d'une mystérieuse association qui tenait ses séances rue de la Muette.

— Vous riez de me voir réduit à travail-

ler comme vous, dit-il amèrement en abor-
dant Nivose Bibeau ; le malheur n'inspire
donc plus aucune commisération.

— Eh ! permettez, papa, dit Pas-de-
Chance ; en fait de malheurs, je crois que
la commisération devrait nous accorder la
préférence.

— Ah ! vous ne connaissez pas ma véritable situation, mon ami, continua Larigette d'un ton hypocrite, ma femme et ma
fille n'ont pas d'ouvrage depuis deux mois ;
mon métier ou plutôt aucun de mes mé-
tiers ne va plus. En temps de révolution le
monde ne se fait pas raccommoder, on ne
s'écrit pas de lettres. Alors il faut bien que
je m'évertue de façon ou d'autre pour ne
pas mourir de faim. Je me ferai peut-être
homme politique. J'étudie pour cela ; mais
en attendant je suis terrassier.

— Cependant objecta Henri, vous ne

pouvez pas avoir la prétention d'être plus pauvre que Bibeau ; vous devez gagner quelque chose comme concierge.

— Oui, le logement, mais pas un liard avec. C'est triste, pour un homme de ma capacité et de ma naissance ; car enfin, feu mon père était huissier à Corbeil. Il ne m'a rien laissé, et pour comble de malheur, un cousin-germain, qui est riche, et dont la fortune avait dû me revenir, à moi ou à ma fille, parce qu'il n'avait pas d'autres héritiers, a adopté un étranger pour fils ! Croyez-vous que ce ne serait pas à se casser la tête contre les murs ?

— Bah ! dit Pas-de-Chance, allez voir votre cousin-germain, et priez-le de marier son fils d'adoption à votre fille.

— Le scélérat de fils adoptif ! grommela l'astucieux Larigette, il a bien eu des idées sur ma fille, mais pas au point de vue du mariage.

— On dit, père Larigette, observa Bibeau, que vous vous êtes trompé sur les intentions que vous prêtez au fils adoptif de votre cousin.

— Ah ! je me suis trompé ; c'est Calixte Jérusard qui a dit cela, parce qu'il ne voulait pas... Enfin ça suffit, je lui en garde souvenir...

— Vous m'avez raconté cette histoire il y a quelques jours, reprit Bibeau, franchement elle n'était pas claire.

— Je me vengerai de ceux qui n'ont pas voulu qu'on l'éclaircisse, dit Larigette.

Depuis un instant, Pas-de-Chance n'écoutait plus cette conversation ; il voyait s'avancer un enfant qui marchait résolu-

ment vers le sommet des Champs-Élysées.

— Ohé! Pleurniche, ohé!

Ainsi hêlé, l'apprenti s'arrêta et, aper-
cevant Pas-de-Chance, il se dirigea vers
lui.

IX

Sur l'avenue de l'Etoile.

La tristesse s'était répandue sur la figure égrillarde de Pleurniche. Il tendit la main à Pas-de-Chance sans lui adresser la moindre plaisanterie.

— Qu'as-tu donc, moucheron? lui demanda le menuisier. Pourquoi t'es-tu pris cette binette d'enterrement?

— J'ai du noir sur le cœur, répondit Pleurniche.

— Est-ce que la révolution t'a ruiné, toi aussi ?

—Il s'agit bien de moi. Ce pauvre m'sieur Durousseau est en *dèche*, ça m'afflige.

Au nom de Durousseau, Pas-de-Chance avait eu comme un éblouissement; et Henri s'était approché.

— Vous savez qui je veux dire, reprit l'apprenti; un si bon homme que, s'il avait voulu, il vous aurait causé du désagrément, à cause des bêtises que vous avez commises chez lui. Mais il a dit deux ou trois fois : « Ah! mon Dieu! ah! mon Dieu! » Et puis ça été fini. Eh bien! donc maintenant il n'y a pas de déboire qui ne lui arrive. Les compagnons d'abord lui en ont fait, que j'en ai pleuré de rage. Si j'avais été assez fort ! — Enfin il n'a plus de métal. Hier il a mis sa *torgue* au Mont de Cruauté. Et voilà les huissiers qui se mè-

lent de l'affaire aussi. Un gredin d'aristo-
crate, qui était comte avant le balayage de
Février, un m'sieur de Prémouran, qui est
riche à manger de l'or, le poursuit pour
quelques méchants billets.

— Il faut que ce M. de Prémouran en-
tende raison, dit Pas-de-Chance.

— Si vous voyiez ce pauvre patron, reprit Pleurniche, il en perd le bon sens. Pendant une heure entière il parle tout seul
devant les papiers timbrés qu'on lui apporte. C'est ainsi que j'ai appris la chasse
qu'on lui fait.

— Peut-être, demanda Henri à Pleurniche, votre patron n'a-t-il pas supplié son
créancier d'attendre un peu.

— M'sieur de Prémouran refuse même
de le recevoir. Il y a trois jours m'sieur
Durousseau l'a attendu à la porte de son
hôtel comme un caniche attendrait son

maître. Enfin il l'a vu rentrant à pied ; il lui a parlé. — Venez me voir demain à midi, a répondu le Crésus. Le lendemain le patron y est allé. Un *mandrin* vêtu de velours orange lui a dit : M. le comte est parti pour la campagne. Et les huissiers ont continué à remettre des feuilles de papier barbouillées d'encre à la portière de M. Durousseau. J'y vais, moi, une dernière fois chez m'sieur de Prémouran. Je lui apporte une lettre que le patron a pleuré dessus. Je veux une réponse, et si on me dit qu'il n'y est pas, j'entre tout de même au risque de me battre avec les *larbins*.

— Très bien, cré nom ! dit Pas-de-Chance. — Et Pantaléon, tu ne nous en parle pas ?

— Il travaille aujourd'hui malgré les compagnons qui ont signifié à m'sieur Durousseau que s'il ne les augmentait pas de

cinquante centimes par journée, ils empê-
cheraient qu'aucun ouvrier s'employât
chez lui.

—Votre patron a donc tous les malheurs
à la fois, dit Henri qui écoutait attentivement.

— Il a le guignon. — Croiriez-vous que
des compagnons, après avoir gagné leur
vie dans son atelier pendant des années,
lui ont voué une haine que c'est à n'y rien
comprendre. Surtout le grand Libournais-
la-Prudence ; il mangerait une côtelette de
ce pauvre m'sieur Durousseau. Enfin, vous
vous le rappelez, Pas-de-Chance, il vous a
poussé à fouiller la chambre du patron
pour y découvrir ses prétendus trésors ;
vous n'avez trouvé que des preuves de
malheur. Eh bien ! ce mauvais Libournais
a dit devant moi et ses trois camarades,

que c'était un coup monté entre vous et m'sieur Durousseau.

— Canaille! s'écria Pas-de-Chance. Oh! je n'y tiens plus... J'aurais une attaque d'apoplexie foudroyante si je n'allais pas chercher Libournais pour le châtier.

Mais le menuisier rencontra le regard de Nivose Bibeau.

— Vous m'avez promis de ne plus vous battre sans y être forcé, lui dit ce dernier.

— Vous voyez bien qu'on m'y force. Voyons, vous Henri; décidez la question. Est-ce que je puis vivre sans assommer Libournais; vous venez d'entendre les infamies dont il m'accuse?

— Suivez les conseils de Bibeau, mon bon Pas-de-Chance, répondit Henri.

— Oh! crénom! sur qui cogner... sur qui?.... le poing me démange! continua

Pas-de-Chance ; si encore Larigette ne s'était pas esbigné !

Il cherchait autour de lui ; personne ne s'offrait à lui pour lui servir d'enclume. Un arbre qui se trouvait à sa portée reçut la terrible explosion de sa colère. Il en eut la deuxième phalange meurtrie.

— Vous l'empêchez d'aller corriger Libournais, dit Pleurniche, à Nivose Bibeau ; vous avez tort. J'aurais vu avec plaisir secouer ce bon à tuer. Ce matin encore il a dit qu'il ne serait content que lorsque M. Durousseau serait parti de Paris ou qu'il y serait devenu chiffonnier. Lui, mon patron ! un *carquois* derrière le dos et ramassant du *biffin*. Oh ! je sais pas ce que je ferais plutôt que de voir cela !

Des larmes glissaient sur les yeux de Pleurniche. L'amitié de cet enfant pour son maître émouvait tellement le mystérieux Henri qu'il éprouvait à cette heure une vibration de cœur d'une volupté indicible, mêlée de souffrance et de joie.

— Et dire que ce gueux de Libournais n'est si barbare envers M. Durousseau que parce qu'il agit à l'instigation d'un fureteur qui vient quelquefois à l'atelier quand le patron n'y est pas, un homme qu'on croirait arrivant de Brest ou de Rochefort.

— Vous êtes sûr, demanda Henri, que le compagnon dont vous parlez obéit à une influence étrangère?

— A l'influence de ce gredin dont je vous parle. Et puis après, Libournais, à son tour, pousse ses trois camarades, et, au moment où m'sieur Durousseau aurait besoin de consolation, on le martyrise de toutes les façons. Aussi, Pantaléon et moi, nous sommes décidés à livrer une bataille contre les quatre compagnons, nous sommes que deux ; mais mille bombes ! nous élèverons des barricades avant d'attaquer.

Les réponses que Pleurniche venait de faire avaient rivé sur les lèvres d'Henri un sourire étrange.

— Je comprends, concluait-il mentalement, je vois le bras qui dans l'ombre dirige cette guerre.

— Allons, au revoir, prononça l'apprenti, j'ai pas de temps à perdre si je veux voir le comte de Prémouran.

— Revenez par ici, lui dit Henri, vous nous apprendrez le résultat de votre démarche. Nous nous y intéressons vivement.

— Preuve que vous avez bon cœur, ajouta Pleurniche en tendant la main à Henri ; je repasserai par ici.

A peine l'apprenti s'était éloigné de cinquante pas, que Pas-de-Chance courut à lui comme s'il avait oublié de lui dire quelque chose. Il l'eût bientôt atteint avec ses enjambées d'éléphant.

— Tu me préviendras, lui glissa-t-il à l'oreille, du jour où vous devez, Pantaléon et toi, livrer le combat aux compagnons.

— Oui, je vous le promets. D'autant plus qu'un coup de main de vous ne nous nuira pas.

— Parole d'honneur, tu me préviendras ?

— C'est entendu.

Pas-de-Chance retourna lentement auprès de Nivose et d'Henri. Il se frottait joyeusement les doigts.

— J'avais oublié, dit-il à ses deux amis, de le prier de me prévenir quand il y aurait de l'ouvrage pour moi chez m'sieu Durousseau.

Pas-de-Chance s'arrêta subitement les yeux fixés au loin sur l'asphalte de l'une des allées qui longent l'avenue de l'Étoile.

— Que regardez-vous si attentivement? lui demanda Nivose Bibeau.

— Tenez; voyez-vous ce bonhomme làbas qui marche si vîte?

— Eh bien?

— C'est Calixte Jérusard, le père de notre ami Pantaléon. Il ne marche pas naturellement : il tourne la tête à droite et à gauche. Ça me paraît extraordinaire.

— Jérusard? répéta Henri; n'est-ce pas un cordonnier de la rue Geoffroy-Lasnier?

— Précisément. Un homme qui a bien du chagrin. Pantaléon m'a raconté ses secrets de famille un soir qu'il était ivre, et ce père est à plaindre. Il avait une fille et deux garçons : la fille l'a abandonné, l'aîné des garçons est mort ; c'est surtout ce dernier malheur qui l'accable. Mais ousqu'il va ainsi, le père Jérusard ?

— Tranquillisez-vous, Pas-de-Chance, je vais le suivre, dit Henri. Demeurez, vous autres, attendez l'apprenti de Durousseau ; sachez s'il a réussi à voir le comte de Prémouran. Ce soir j'irai chez vous, Nivose ; je veux connaître votre famille.

— Vous savez mon adresse, dit Bibeau. Je vous annoncerai à ma femme.

— Vous entendez, Pas-de-Chance, le rendez-vous est rue des Ursulines, à huit heures.

— J'irai, prononça joyeusement le menuisier.

Henri s'éloigna afin de suivre Calixte Jérusard.

— Cré nom ! est-il bon enfant ! s'écria Pas-de-Chance ; je suis heureux dans mes amitiés.

— C'est un ouvrier bien étonnant, dit Bibeau en reprenant sa pelle.

Les nuages blancs qui empanachaient le ciel une heure auparavant avaient disparu. Au sommet du dôme d'azur le soleil brillait, les pavés boueux et humides reflétaient orgueilleusement quelques parcelles de sa splendeur ; les ombrelles, fleurs de soie et de satin, s'ouvraient sous les douces œillades de l'astre bénin. C'était l'heure où, quand il n'y a dans les rues de Paris ni pluie ni barricade, le vieux petit rentier se hasarde à promener ses gants de coton, sa canne à pomme unie e son nez inévitablement rougi. Si peu qu'on en rencontrât, ils n'avaient pas l'air gai ce jour-là ; le Grand-livre de l'Etat leur avait récemment joué un mauvais tour, il s'était permis de varier comme le premier in-folio venu, habillé de basanne verte et cuivré aux angles.

Calixte Jérusard se dirigeait vers l'Arc-de-Triomphe de l'Étoile ; il jetait un regard furtif sur les cavaliers qui allaient et venaient au pas, au trot et au galop sur des chevaux de manège, la tête à l'alignement de la queue, ou sur des bêtes de prix, les naseaux à l'air, le poitrail coquettement cambré ; tantôt c'était un étudiant fraîchement débarqué, qui employait en folle équitation la somme péniblement distraite du budget de la famille ; tantôt c'était un vaudevilliste dévorant le mince lingot d'un premier succès, se trouvant souverainement ridicule lui-même, en comparant les âpretés d'une selle anglaise à la douce immobilité du fauteuil littéraire, mais en recueillant de tout cela un magnifique monologue à l'usage d'Arnal, d'Alcide Tousez ou de Rébard; et puis le panatella aux lèvres, l'habit rigoureusement croisé sur la poitrine, de véritable, sportmens qui ont figuré très-honorablement à la Croix-de-Berny, en éventrant leur cheval sur le tronc d'un arbre cassé, en mangeant de la terre labourée par leur chute, en courant couché comme Mazeppa dans les steppes de l'Ukraine, ou en restant pendu à une branche à la manière d'Absalon.

Chaque fois qu'il avait ainsi examiné un cavalier passant, Calixte Jérusard hochait tristement la tête et ce mouvement à peine perceptible n'aurait pu se traduire que par ces mots :

— Non : ce n'est pas lui !

Il s'arrêta sous l'arc de triomphe, incertain, navré, au-dessous de l'un des groupes d'Étex, il s'assit et cacha sa tête entre ses mains. Une enfant jouait auprès avec sa bonne. Cette petite créature quitta ses jeux et ses rires, et vint se placer devant Calixte, à deux pas de lui. Après l'avoir considéré longtemps sans qu'il la vît, elle s'approcha et glissa son radieux visage sous les mains du pauvre homme.

— Tiens ! il pleure, murmura-t-elle.

Calixte surpris se releva et continua de marcher vers le bois de Boulogne. — Les oiseaux gazouillaient sur les branches ; les grisettes bondissaient au bras de leurs promeneurs ; éparses sur le sol, reléguées dans les broussailles, les feuilles de la saison passée se cachaient noircies, fendillées, le gazon lui-même semblait insulter à leur mort en montrant ses aiguillettes vertes à travers leurs déchirures ; les insectes bourdonnaient et voltigeaient, s'enivrant des premiers parfums que les préludes de la végétation versaient dans les airs ; des calèches, coquilles gracieusement suspendues, doublées d'étoffes glacées, semées de fleurs, traçaient, sur le sable des allées, leurs ornières toujours lisses ; et toujours des cavaliers apparaissaient et disparaissaient çà et là.

Le père Jérusard s'était glissé entre les arbres du bois comme un homme qui craint d'être vu. Il cherchait l'endroit où Reine Machu lui avait un jour montré son fils Sulpice, alors qu'il le croyait encore en Italie.

— C'est là, dit-il en s'arrêtant. Le verrai-je aujourd'hui? Il fait assez beau pour se promener à cheval. C'est la dixième fois que je viens l'attendre ainsi. Là, s'il passait, je l'apercevrais sans qu'il s'en doutât.

Il demeura longtemps dans le bois, épiant les cavaliers ; mais il ne vit pas Sulpice.

— S'il m'avait seulement fait savoir où il demeure, sous quel nom il vit maintenant... Je me serais caché dans un corridor auprès de chez lui, et j'aurais pu le voir de temps en temps. Allons ! il faut qu'il soit mort pour moi. — C'est de la lâcheté de ma part si je n'oublie cet enfant comme j'ai oublié sa sœur. Ma faiblesse m'a fait perdre la moitié de ma journée, et négliger tous mes devoirs; Périllon m'attend, il m'avait envoyé prier de me rendre chez lui le plus tôt possible, il faut y aller vite.

Et Calixte retourna à grands pas vers Paris.

FIN DU DEUXIÈME VOLUME.

TABLE.

—

DEUXIÈME PARTIE.

Imp. de E. Dépée, à Sceaux (Seine)